Regine Gresens
Intuitives Stillen

Regine Gresens

Intuitives Stillen

Dem eigenen Gefühl vertrauen
Die Beziehung zum Baby stärken
Einfach und entspannt

KÖSEL

MIX
Papier aus verantwortungsvollen Quellen
FSC® C084279

Penguin Random House Verlagsgruppe FSC® N001967

7. Auflage 2024

Umschlag: Weiss Werkstatt München
Umschlagmotiv: Laima Chenkeli, Berlin
Illustrationen: Jutta Wetzel, Siegburg
Gestaltung und Satz: Der Buch*macher*, Arthur Lenner, München
Druck und Bindung: Print Consult GmbH, München
Printed in Slovakia
ISBN 978-3-466-31061-6

www.koesel.de

Inhalt

Vorwort

Heutzutage mit dem Begriff »Intuition« zu arbeiten wirkt fast anachronistisch. In Zeiten von Kontrolle, Perfektion und Optimierung kann man auf alles vertrauen, nur nicht auf die Intuition. Was ist überhaupt Intuition? Sie ist nichts anderes als das vorwissenschaftliche Wissen. Und es ist mit Blick auf die Irrtümer in der Medizin sehr häufig das bessere Wissen. Leider muss das heute immer wissenschaftlich nachgewiesen werden. Die Geschichte des Stillens ist ein Paradebeispiel dafür, was passieren kann, wenn man nicht mehr auf die Intuition, sondern nur auf hohle Industrieversprechen vertraut. Die Folgen einer aggressiven Vermarktung von Muttermilchersatzprodukten in den 1970er- und 1980er-Jahren lösten eine weltweite skandalöse Entwicklung aus, auf die im Rahmen einer WHO-Initiative massiv reagiert wurde. In dem Glauben an eine gleichwertige Ersatznahrung stand das Stillen kurz vor seiner Abschaffung. Erst dank intensiver und noch im Ansatz nicht abgeschlossener Forschung gelang es, dem intuitiv Richtigen wieder seinen Stellenwert zu geben. Stillen – insbesondere auch als Teilaspekt des Bondings – schafft eine wesentliche Grundlage für die körperliche und seelische Gesundheit des Menschen.

Intuitives Stillen bedeutet, dass die Weisheit dazu bei Mutter und Kind immer noch abgespeichert und vorhanden ist und letztlich nur intuitiv »wachgeküsst« werden muss. Dazu möchte dieses Buch animieren und alle Leserinnen und Leser ermuntern, diesen auch heute noch machbaren Weg zu gehen. Auch wenn wir zur Bedeutung des Stillens und der Muttermilch schon relativ viel wissen – so richtig verstanden haben wir es immer noch nicht.

Die Hormonforschung, insbesondere zum Oxytocin, die neurobiologischen Erkenntnisse und das weite Feld der noch relativ jungen Wissenschaft der Epigenetik und selbstredend auch die Psychosomatik werden noch so unendlich viele Erkenntnisse an den Tag bringen, welche beweisen werden, das hinter Intuition eben ganz oft ein tiefes Wissen der Richtigkeit steckt. Für mich als Vater und Geburtshelfer ist es immer wieder faszinierend, nach einer wie auch immer gelungenen Geburt zu beobachten, wie Mutter und Kind liebevoll, staunend, fragend und doch so wissend miteinander umgehen. »Ich kenn dich schon so lange und doch freu ich mich so, dich endlich kennen zu lernen.« Blicke, Berührung, alle Sinne sind wie gleichgeschaltet und irgendwann geschieht ganz wie von allein die (Wieder-)Verbindung über die neue Nabelschnur – die mütterliche Brust.

Das passiert regelhaft intuitiv, wenn Mutter und Kind ungestört und nicht allzu belastet von der Mühsal der Geburt sind. Uneingeschränktes Bonding, das rechte Maß an äußerer Unterstützung und Akzeptanz sowie die innere (intuitive!) Überzeugung von Kompetenz und Potenz sind gute Wegbegleiter ins stille – ins Still-Glück. Mögen es möglichst viele Mütter und Kinder erfahren.

Dr. Wolf Lütje
ehemaliger Chefarzt für Gynäkologie und Geburtshilfe des Ev. Amalie Sieveking-Krankenhauses, Hamburg,
Präsident der DGPFG und
Ehrenmitglied der Initiative
BABYFREUNDLICH

Einleitung

»Stillen ist das Beste fürs Kind« – da sind sich alle Experten einig. Doch wird heute auch vermittelt, Stillen müsse gelernt werden und Probleme wie schmerzende Brustwarzen oder mangelnde Milchbildung seien normal. 90 Prozent der Schwangeren möchten ihr Baby stillen und beginnen es auch nach der Geburt hochmotiviert. Bei vielen Stillpaaren treten jedoch schon zu Beginn der Stillzeit Probleme auf, die manchmal trotz großer Anstrengungen nicht zu überwinden sind. Die Zahl der gestillten Babys fällt daher in den ersten Wochen und Monaten nach der Geburt dramatisch ab. Nach vier Monaten hat ein Drittel der Mütter entgegen ihrer Pläne vorzeitig abgestillt. Oft leiden sie noch lange an dem Verlust der erträumten Stillbeziehung und haben noch dazu das Gefühl, selbst versagt zu haben. Aber auch, wenn der Stillstart ohne Schwierigkeiten verläuft, scheint vielfach im weiteren Verlauf der Stillzeit die Milch nicht mehr zu reichen.

Wie kommt es dazu? Und wie können Mütter und Babys wieder in den Genuss einer einfachen und entspannten Stillzeit kommen, so wie es von der Natur eigentlich vorgesehen ist?

Mit diesen Fragen beschäftige ich mich als Hebamme seit über 30 Jahren bei meiner Arbeit mit Müttern und Babys. Seit 1996 berate ich als Still- und Laktationsberaterin in meiner Praxis Mütter mit den unterschiedlichsten Stillschwierigkeiten. Mit diesem Buch möchte ich die wichtigsten Ursachen für die heute so verbreiteten Schwierigkeiten beim Stillen darstellen und zu neuen Sichtweisen auf das Stillen und den normalen Verlauf der Stillzeit anregen.

Ich möchte Sie auf die möglichen Fallstricke hinweisen, wie etwa Mythen und Ammenmärchen, aber auch Störungen durch medizinische Maßnahmen und Fehlinformationen benennen. Außerdem gebe ich Ihnen natürlich hilfreiche Tipps und Informationen, um Stillschwierigkeiten zu vermeiden oder ggf. frühzeitig zu lösen.

Dabei geht es mir vor allem darum, Sie zu ermutigen, sich von festen Regeln und Anleitungen zu lösen und sich mehr von Ihrem Gefühl leiten zu lassen. Ich möchte Ihnen auch den Druck nehmen, stillen zu müssen, wenn das Stillen für Sie nicht so läuft wie erhofft. Es gibt gute und verständliche Gründe nicht zu stillen oder das Stillen zu beenden. Dieses Buch soll Ihnen den Rücken stärken, Ihren individuell richtigen Weg beim Stillen zu finden, indem Sie Ihrem Kind und Ihrer Intuition folgen.

1
Sie und Ihr Baby können stillen

Sie sind schwanger und möchten Ihr Baby stillen, weil es als die beste Ernährung im ersten Lebenshalbjahr empfohlen wird. Allerdings haben Sie vielleicht auch von vielen Seiten gehört, dass das Stillen anfangs schwierig und schmerzhaft sein kann und viele Mütter nicht genügend Milch haben. Daher haben Sie sich vorgenommen, das Stillen zu versuchen – und wenn es klappt, in den ersten Monaten voll zu stillen. Dann geht es Ihnen wie den meisten werdenden Müttern heute.

Vielleicht ist Ihr Baby aber auch schon da und Sie erleben gerade, dass das Stillen ganz und gar nicht so einfach und natürlich läuft, wie Sie es erwartet hatten. Oder Sie hatten bei Ihrem ersten Kind große Stillschwierigkeiten und konnten nicht so lange stillen, wie Sie eigentlich geplant hatten.

Anfängliche Probleme beim Stillen sind leider tatsächlich sehr verbreitet, was jedoch nicht am Stillen selbst liegt, sondern kulturell bedingt ist. In diesem Buch möchte ich Ihnen vermitteln, wie einfach Stillen eigentlich sein kann und sollte, warum es dabei heutzutage so häufig Schwierigkeiten gibt und wie Sie diese vermeiden oder überwinden können.

Werfen wir aber erst einmal einen Blick auf die Besonderheiten der Muttermilch und die Bedeutung des Stillens.

Stillen ist normal und natürlich

Vergessen Sie den Satz »Stillen ist das Beste«! Muttermilch ist nicht die »beste«, sondern schlicht und einfach die von der Natur vorgesehene, normale Nahrung für menschliche Babys. Sie ist jederzeit verfügbar, immer richtig temperiert und enthält alle für das Gedeihen nötigen Nährstoffe in genau der richtigen Menge und leicht verdaulicher Form.

Darüber hinaus passt sich die höchst komplexe Zusammensetzung Ihrer Muttermilch kontinuierlich an die wechselnden Bedürfnisse Ihres Kindes an. Sie ändert sich sowohl im Laufe jeder einzelnen Stillmahlzeit, wie auch im Verlauf eines Tages und während der gesamten Stillzeit ständig und ist sogar in beiden Brüsten unterschiedlich.

So ist beispielsweise nachts die Konzentration von Tryptophan in der Muttermilch höher als tagsüber. Tryptophan ist eine Aminosäure, die mit der Nahrung aufgenommen werden muss, und vom Körper in das »Glückshormon« Serotonin umgebaut wird. Serotonin macht innerlich ruhig und zufrieden, reduziert Ängste und Kummer, wirkt schlaffördernd und hat außerdem eine wichtige Funktion für die Gehirnentwicklung. Aus Serotonin wird auch das »Schlafhormon« Melatonin produziert, das vom

Baby noch nicht ausreichend selbst gebildet wird. Beide Hormone steuern den Schlaf-Wach-Rhythmus. Außerdem enthält Muttermilch Nukleotide, die eine schlaffördernde oder eher anregende Wirkung entfalten können. Nukleotide sind Moleküle, die als Grundbausteine der Erbinformationsträger DNA und RNA fungieren. Zwischen 8 Uhr abends und 8 Uhr morgens sind besonders viele beruhigende Nukleotide in der Muttermilch, während tagsüber die anregenden Sorten häufiger vorkommen.[1]

Muttermilch unterstützt den Schlaf-Wach-Rhythmus des Babys

Auch das Geschlecht des Kindes beeinflusst die Inhaltsstoffe der Muttermilch. So haben Wissenschaftler erst vor kurzem festgestellt, dass die Muttermilch bei einem männlichen Baby 25 Prozent mehr Fett enthält. Dadurch erhalten Jungen bei gleicher Trinkmenge eine höhere Energiezufuhr und nehmen mehr und schneller an Gewicht zu als Mädchen.[2] Außerdem variieren die Geschmacks- und Aromastoffe in Ihrer Muttermilch von Tag zu Tag. Je nachdem, was Sie selbst gegessen oder getrunken haben. So lernt Ihr Baby schon während der Stillzeit ganz nebenbei die in Ihrer Familie üblichen Nahrungsmittel und Gerichte kennen. Wenn es dann später beginnt, Beikost oder Ihr Essen vom Familientisch zu probieren, ist es der neuen Nahrung gegenüber aufgeschlossener, da ihm die Geschmacksstoffe und Aromen schon vertraut sind.

Jedes Säugetier bildet eine optimale Milch

Die einzigartige Erfolgsgeschichte der Muttermilch begann bereits vor zirka 200 Millionen Jahren, als sich die ersten frühen Säugetiere entwickelten. Heute gibt es noch etwa 5400 Säugetierarten auf der Erde. Jede Art hat im Laufe der Evolution eine spezifische Milch entwickelt, die optimal auf die Bedürfnisse ihrer Nachkommen ausgerichtet ist, um deren Überleben zu sichern.

Blauwale, die größten Meeressäuger, haben die konzentrierteste, fettreichste Milch von allen Säugetieren. Der Fettgehalt von bis zu 50 Prozent führt dazu, dass das Blauwalkalb durch den hohen Energiegehalt sehr schnell wächst – es verdoppelt sein Geburtsgewicht innerhalb von etwa drei Wochen – und eine vor Kälte schützende Fettschicht aufbaut.

Kuhmilch enthält zirka 3,4 Prozent Eiweiß (Proteine) und 4,8 Prozent Kohlenhydrate, weil ein Kalb schnell Muskulatur aufbauen und sein Gewicht in sechs bis sieben Wochen verdoppeln muss, um mit dem weidenden Muttertier und der Herde Schritt halten zu können.

Frauenmilch hat einen durchschnittlichen Fettgehalt von 3,8 Prozent. Sie enthält nur etwa 0,9 Prozent Protein, dafür aber 7,0 Prozent Kohlenhydrate, vor allem Laktose (Milchzucker). Dadurch ist sie leicht verdaulich, das heißt sie durchläuft relativ schnell das Verdauungssystem des Babys, was wiederum häufige Mahlzeiten des Stillkindes notwendig macht. Zugleich nehmen unsere Babys, im Vergleich zu anderen Säugetieren, langsamer an Gewicht zu. Sein Geburtsgewicht verdoppelt ein Baby erst mit etwa sechs Monaten. Die Zusammensetzung der Muttermilch ist nicht auf einen schnellen Muskel- oder Fettaufbau ausgerichtet, sondern auf die optimale Entwicklung des menschlichen Gehirns. Zudem ergänzen und potenzieren sich die Wirkungen der Inhaltsstoffe und erfüllen dabei oft mehrere Funktionen zugleich.

Muttermilch – ein Supercocktail

Muttermilch ist ein wahres Wunderwerk der Natur. Das zunehmende Interesse an der Erforschung der Muttermilch fördert seit einigen Jahren mithilfe der modernen Labortechniken immer mehr faszinierende Erkenntnisse über diesen Supercocktail zutage. Diese Forschungen belegen zugleich, dass es sich in jedem Fall lohnt, das Baby mit Muttermilch zu ernähren, auch wenn dies nur teilweise, nur für kurze Zeit oder nur als sogenanntes Pumpstillen[3] möglich ist.

Muttermilch besteht aus Tausenden verschiedener Inhaltsstoffe. Sie liefert während der ersten sechs Lebensmonate die erforderliche Energie (74–79 kcal/100 ml), alle wichtigen Nährstoffe (Proteine, Fette und Kohlenhydrate) und die notwendige Flüssigkeit (87 Prozent Wasser) für Wachstum, Entwicklung und Körperfunktionen des Babys. Zusätzlich enthält sie Enzyme, Hormone, Wachstumsfaktoren, Vitamine, Mineralstoffe und Spurenelemente, die genau auf die Bedürfnisse und die Entwicklung des jeweiligen Stillkindes abgestimmt sind.

Darüber hinaus ist Muttermilch aber auch eine lebendige Flüssigkeit – ebenso wie Blut – und wird deshalb auch als »weißes Blut« bezeichnet. Ein Teelöffel Muttermilch enthält 3.000.000 lebende mütterliche Zellen, vor allem Makrophagen, Leukozyten, Lymphozyten und Epithelzellen, die Krankheitserreger bekämpfen. Jeder Tropfen Muttermilch ist also gesundheitlich wertvoll für Ihr Kind. Zusätzlich enthält Muttermilch weitere bioaktive Faktoren, wie zum Beispiel Immunglobuline, Laktoferrin und Lysozyme, die ebenfalls der Krankheitsabwehr dienen.

Neueste Studien fanden sogar zwischen 10.000 und 13.000.000 lebende mütterliche Stammzellen pro Milliliter Muttermilch. Diese Stammzellen können sich, wie Tierexperimente zeigen, noch in jede Art von Körperzelle, wie etwa Knochen-, Muskel-, Fett-, Leber- und Gehirnzellen, weiterentwickeln. Die Forscher gehen davon aus, dass die Muttermilchstammzellen eine bedeutende Rolle für die normale körperliche Entwicklung des Babys spielen. So könnten sie etwa gestörtes Gewebe in unterschiedlichsten Organen reparieren oder allergische Reaktionen auf mütterliche Zellen und Proteine in der Muttermilch verhindern.[4]

Muttermilch weist darüber hinaus ein ganz individuelles Muster an »guten« Bakterien auf – das Muttermilch-Mikrobiom. Bis heute wurden 700 unterschiedliche Bakterienarten in Muttermilch gefunden. Im Durchschnitt erhält ein gestilltes Baby täglich zwischen 100.000 und 10 Millionen Bakterien, die seinen Verdauungstrakt besiedeln und die Entwicklung seiner Immunabwehr unterstützen.[5]

Muttermilch enthält außerdem 150 bis 200 verschiedene Humanmilch-Oligosaccharide (HMO). Das sind nicht-verdauliche komplexe Zucker, die nur in Muttermilch vorkommen. Sie wirken präbiotisch und machen den sogenannten Bifidusfaktor aus. Im Dickdarm des Babys dienen sie den »guten« Darmbakterien wie Laktobazillen und Bifidobakterien als Nahrung, verhindern die Anheftung krankmachender Bakterien an die Darmwand und beeinflussen so die kindliche Darmflora in günstiger Weise. Die Kombination der Oligosaccharide in der Muttermilch ist individuell sehr unterschiedlich und verändert sich zudem ebenfalls im Verlauf der Stillzeit.[6]

Bei jeder Stillmahlzeit bekommt das Baby Millionen dieser Inhaltsstoffe, die sein Immunsystem bei der Abwehr von Krankheitserregern unterstützen, vor Krankheiten schützen, Entzündungen hemmen und die Wundheilung fördern. Muttermilch ist also nicht nur ein gesundes Nahrungsmittel, sondern zugleich auch ein hochwirksames Medikament.

Auch nach dem ersten Lebenshalbjahr bleiben diese Inhaltsstoffe wertvoll und nahrhaft für Ihr Kind, selbst wenn es im zweiten Halbjahr damit beginnt, zusätzlich festere Nahrung zu sich zu nehmen.

Künstliche Säuglingsnahrung orientiert sich heute in der Zusammensetzung ihrer Hauptnährstoffe, Vitamine und Mineralstoffe zwar weitgehend an der Muttermilch. Dennoch wird kein industrieller Hersteller jemals – auch nur annähernd – eine Säuglingsfertignahrung mit allen in der Muttermilch enthaltenen Inhaltsstoffen und einer derartigen Variabilität produzieren können. Muttermilch war, ist und bleibt der Goldstandard, an dem sich jede andere Form der Säuglingsernährung messen muss.

Flaschenernährung hat viele Nachteile

Unzählige wissenschaftliche Studien belegen seit Jahrzehnten die Bedeutung der Muttermilch und der Stilldauer für die Gesundheit und Entwicklung des Kindes sowie für die Gesundheit der Mutter.

Nicht gestillte Babys erkranken im Vergleich zu gestillten Babys häufiger an Infektionen, wie zum Beispiel Atemwegs- und Mittelohrentzündungen oder Magen-Darm-Erkrankungen.

Infektionserkrankungen verlaufen bei nicht gestillten Kindern auch meist schwerer und dauern länger, weil den Babys die in der Muttermilch enthaltenen mütterlichen Abwehrstoffe gegen die beteiligten Krankheitserreger fehlen. Langfristig leiden sie öfter an Diabetes mellitus, Asthma und Leukämie. Sie neigen auch eher zu Allergien, Zöliakie und Übergewicht im Jugend- und Erwachsenenalter.[7]

Mit künstlicher Säuglingsnahrung ernährte Frühgeborene erkranken häufiger an einer lebensbedrohlichen Darmentzündung, der nekrotisierenden Enterokolitis (NEC). Darüber hinaus erhöht Nicht-Stillen das Risiko für den plötzlichen Säuglingstod (SIDS = Sudden Infant Death Syndrom).[8]

Neben den negativen Auswirkungen auf ihre Gesundheit zeigen nicht gestillte Kinder auch öfter eine weniger gute grob- und feinmotorische sowie kognitive Entwicklung.[9]

Verantwortlich für die Unterschiede zwischen gestillten und nicht gestillten Kindern sind nach neuesten wissenschaftlichen Erkenntnissen auch epigenetische Effekte des Stillens. Das bedeutet: Muttermilch ist nötig, um bestimmte gesundheitsfördernde Gene des Menschen einzuschalten, die sonst »stumm« bleiben.[10]

Dies heißt nicht, dass alle nicht gestillten Kinder krank werden und gestillte Kinder immer absolut gesund sind und bleiben. Statistiken können niemals Aussagen über einzelne Individuen treffen, sondern geben lediglich rechnerische Risiken oder Wahrscheinlichkeiten wieder, die sich auf eine große Anzahl von Personen mit gleicher Ausgangssituation beziehen, im Vergleich zu einer entsprechenden Gruppe mit einer anderen Ausgangssituation. Dennoch zeigt sich eindeutig, dass das Stillen ein bedeutsamer Schutzfaktor für die Gesundheit und Entwicklung von Babys ist.

Nachteile des Nicht-Stillens für die Mutter

Die Nachteile der Ernährung mit künstlicher Säuglingsnahrung für das Kind sind allgemein gut bekannt. Weniger bekannt ist hingegen, dass Nicht-Stillen auch erhebliche Nachteile für die Mutter hat. Denn Stillen ist die natürliche und normale Folge einer Schwangerschaft und Geburt. Hier sind die wichtigsten Auswirkungen des Nicht-Stillens auf die Mutter:

- Nach der Geburt bildet sich die Gebärmutter einer nicht stillenden Mutter langsamer zurück, was zu verlängertem Wochenfluss und somit zu höherem Blutverlust im Wochenbett führt.
- Nicht stillende Mütter leiden auch häufiger unter Wochenbettdepressionen, da ihnen die schützenden Effekte der Stillhormone fehlen.
- Mütter, die nicht stillen, benötigen länger, um wieder das gleiche Gewicht wie vor der Schwangerschaft zu erreichen, weil sie die in der Schwangerschaft angelegten Fettreserven nicht beim Stillen verbrauchen.
- Die fehlenden Stillhormone führen zudem zu einer früheren Rückkehr der Fruchtbarkeit und haben daher häufig kürzere Geburtenabstände zur Folge.
- Langfristig haben Mütter, die nicht oder nur kurz gestillt haben, ein höheres statistisches Risiko für Brustkrebs, Eierstockkrebs, Diabetes Mellitus Typ 2, Osteoporose, rheumatoide Arthritis und Herz-Kreislauf-Erkrankungen.[11]

Stillen ist somit auch für die Mutter eine der wichtigsten Präventionsmaßnahmen zur Vermeidung von Krankheiten.

Stillen stärkt die Mutter-Kind-Beziehung

Stillen ist viel mehr als nur die Versorgung Ihres Kindes mit der optimalen Nahrung. Es bedeutet auch eine ganz besondere Beziehung, die Sie nur in der

Stillzeit zu Ihrem Baby haben können. Viele Mütter beschreiben das Stillen als das schönste, innigste Gefühl, das sie je erlebt haben.

Die Natur hat es so eingerichtet, dass Stillen zunächst einmal vor allem eine sehr sinnliche, angenehme Erfahrung für Mutter und Kind ist. Durch den regelmäßigen engen Körperkontakt beim Stillen werden sämtliche Sinne des Babys (Sehen, Riechen, Schmecken, Hören und Fühlen) stimuliert. Mutter und Kind lernen einander dabei auf eine ganz spezielle Weise immer besser kennen.

Gleichzeitig erfüllt das Stillen aber auch viele emotionale Bedürfnisse des Babys. Denn es erfährt nicht nur die Sättigung seines Hunger- und Durstgefühls, sondern auch Nähe, Geborgenheit, Entspannung und Trost. Die prompte und ganzheitliche Befriedigung seiner Bedürfnisse gibt ihm Sicherheit und unterstützt die Entwicklung seines Urvertrauens.

Auf der anderen Seite erfüllt das Stillen auch Ihre Bedürfnisse, Ihrem Baby nah zu sein und ihm den besten Start ins Leben zu geben – indem Sie es gut ernähren, schützen und trösten. Beim Stillen werden Sie sich als kompetente Mutter erleben und stolz auf sich und Ihren Körper sein.

Stillen ist Kommunikation

Mutter und Kind kommunizieren beim Stillen auf verschiedensten Ebenen miteinander. Ihr Baby teilt Ihnen durch seine Körpersprache sowie mit Blicken, Lauten und Berührungen mit, wie gut es ihm tut, gestillt zu werden. Es entspannt sich, lächelt und schläft oft auch satt und zufrieden an der Brust ein. Je älter das Baby wird, desto deutlicher zeigt es seine Lust und Freude beim Stillen, indem es die Brust umarmt, streichelt oder küsst und bei ihrem Anblick juchzt und strahlt.

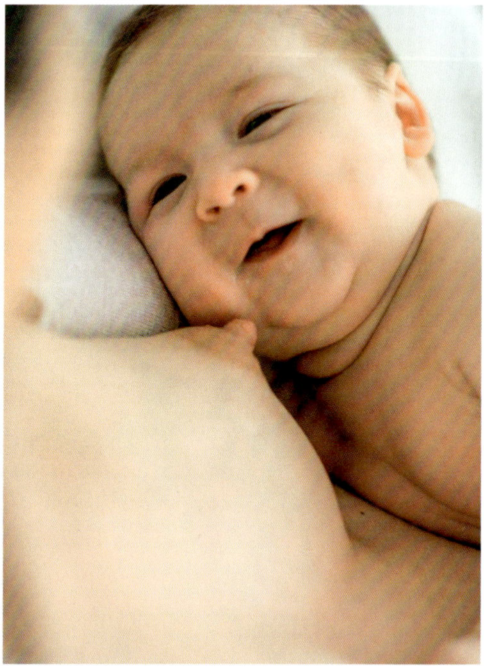

Mutter und Baby kommunizieren beim Stillen auf mehrere Weisen

Und auch Sie teilen Ihrem Baby bewusst und unbewusst mit Ihrer Körpersprache, Ihren Blicken, Ihrer Stimme, Ihren Worten und Ihren Berührungen beim Stillen mit, wie sehr Sie es lieben, dass Sie es schützen und umsorgen und auch, wie es Ihnen selbst gerade geht.

Die Kommunikation beim Stillen erfolgt aber auch auf rein körperlicher Ebene: Beispielsweise tauschen sich dabei sogar die Immunsysteme von Mutter und Kind aus. So geht man heute davon aus, dass beim Saugen an der Brust durch eine Umkehrung des Milchflusses Speichel des Babys über die Brustwarze in die mütterliche Brustdrüse gelangt. Ist das Baby mit unbekannten Krankheitserregern infiziert, werden bestimmte Rezeptoren in der Brustdrüse aktiviert. Daraufhin produziert die Mutter sehr schnell vermehrt spezifische Abwehrstoffe gegen die Erreger. Jene gelangen dann wiederum in die Muttermilch und können somit binnen kurzer Zeit das kindliche Immunsystem dabei unterstützen, die Infektion zu bekämpfen.[12]

Stillen fühlt sich gut an

Das Wissen um die langfristigen positiven Auswirkungen motiviert nicht ausreichend, wenn das Stillen aktuell als schwierig, aufwändig und einschränkend erfahren wird. So stillen Mütter oft vorzeitig ab, wenn sie dabei dauerhaft Schmerzen haben, was nur allzu verständlich ist und keiner Mutter zum Vorwurf gemacht werden kann.

Das ist jedoch umso bedauerlicher, als die Natur das Stillen als angenehmes Erlebnis vorgesehen hat, das sich für die Mutter auch kurzfristig und ganz unmittelbar lohnt – nicht nur als Investition in eine gesunde Zukunft. Wenn das Stillen normal funktioniert, fühlt es sich einfach gut und richtig an. Dafür sorgt das Hormon Oxytocin, das oft auch als Liebes-, Kuschel- oder Bindungshormon bezeichnet wird.

Oxytocin ist immer dann involviert, wenn sich etwas gut anfühlt. So wird es zum Beispiel bei angenehmen Berührungen ausgeschüttet, wie etwa beim Hautkontakt, bei einer Umarmung oder bei einer Massage, aber auch beim Liebesspiel und bei einem Orgasmus oder beim sozialen Miteinander, etwa einem guten Essen in geselliger Runde mit netten Menschen.

Oxytocin wird vom Hypothalamus gebildet und von der Hypophyse (Hirnanhangdrüse) ausgeschüttet. Es wirkt als Neurotransmitter im Gehirn und über die Blutbahn im ganzen Körper. Oxytocin reduziert Angst und fördert Vertrauen und emotionale Bindung.

Beim Stillen wird Oxytocin schubartig in den mütterlichen Blutkreislauf ausgeschüttet und löst den Milchspendereflex aus. Zugleich stimuliert es damit auch

die Ausschüttung des Milchbildungshormons Prolaktin, das oft auch das Fürsorge- oder Mütterlichkeitshormon genannt wird, weil es Brutpflegeverhalten auslöst.
Das Zusammenwirken von Oxytocin und Prolaktin richtet die liebevollen, fürsorglichen Gefühle der stillenden Mutter nun auf das Baby aus. Es macht sie einfühlsamer, intensiviert ihre Bindung zum Kind und lässt ihre eigenen Bedürfnisse in den Hintergrund treten.

Oxytocin unterstützt das Stillen

Oxytocin zeigt jedoch noch viele weitere Wirkungen bei der Mutter, die das Stillen unterstützen. Es regt die Gebärmutter an, sich zusammenzuziehen, unterstützt ihre Rückbildung und verringert den Blutverlust nach der Geburt.
Oxytocin reduziert das Stresshormon Cortisol und die Aktivität des sympathischen Nervensystems, das den Körper bei Stress und Belastung in höchste Leistungsbereitschaft versetzt. Stattdessen aktiviert es das parasympathische Nervensystem. Dieses wirkt beruhigend, senkt den Blutdruck, verlangsamt die Herzfrequenz, entspannt die Skelettmuskulatur, fördert die Verdauungsfunktionen und macht schläfrig und weniger aggressiv und reizbar.
Oxytocin steigert zugleich auch den Appetit, erhöht die Ausschüttung von Insulin und sorgt so dafür, dass die Kohlenhydrate aus der Nahrung effizienter aufgenommen werden und der mütterliche Blutzuckerspiegel steigt.
Gleichzeitig beeinflusst Oxytocin auch das Hormon Glucagon, das die Freisetzung von Nährstoffen aus den mütterlichen Körperdepots für die Muttermilchproduktion steigert.
Beim Stillen sorgt Oxytocin direkt für zusätzliche Wärme für das Baby, indem es die Blutgefäße in der Haut der mütterlichen Brüste erweitert und die Durchblutung steigert, vor allem wenn direkter Hautkontakt besteht. Oxytocin stimuliert Wachstum und unterstützt darüber hinaus die Wundheilung.[13]
Stillen führt also zur Ausschüttung von Oxytocin, das wiederum Mutter und Kind in der Stillzeit unterstützt und schützt.

Sie beide sind zum Stillen geschaffen

Gesäugt zu werden ist überlebenswichtig für jedes einzelne Jungtier, aber auch für die Erhaltung der Art. Aus diesem Grund hat die Natur dafür gesorgt, dass das Säugen einfach ist, gut funktioniert und mit angenehmen Gefühlen bei Mutter und Kind einhergeht.

Alle neugeborenen Säugetiere sind auf das Überleben programmiert. Sie kommen mit den Reflexen und Instinkten auf die Welt, die sie benötigen, um bereits kurz nach der Geburt und über viele weitere Wochen hinweg aus eigener Kraft die nahrungsspendende, mütterliche Milchdrüse zu finden, anzudocken und daran zu trinken. Dies trifft auch auf neugeborene Menschenbabys zu.

Ihr Baby erwartet gestillt zu werden und bringt alles mit, was es dafür braucht. Vertrauen Sie in die Fähigkeiten Ihres Babys und vertrauen Sie in Ihre eigene Fähigkeit, Ihr Kind zu stillen. Sie sind beide für das Stillen geschaffen.

Mutter und Baby genießen das Stillen

Legen Sie dazu am besten die Haltung »ich will versuchen zu stillen, wenn es klappt« ab. Nehmen Sie sich stattdessen fest vor, zu stillen. Sehen Sie Flaschennahrung nicht als eine fast gleichwertige Alternative zur Muttermilch und zum Stillen, sondern lediglich als ergänzende Möglichkeit für den Notfall.

Selbst wenn Sie zu den ganz wenigen Müttern gehören sollten, die ihr Baby aus körperlichen Gründen nicht ausschließlich mit Muttermilch ernähren können, können Sie trotzdem auch mit einer nur teilweisen Muttermilchernährung eine erfolgreiche und glückliche Stillbeziehung erleben – mit lebenslangen Auswirkungen für Sie und Ihr Kind.

2
Sich auf das Stillen vorbereiten

Stillen ist die natürliche Art ein Baby zu ernähren, und Sie beide haben die Fähigkeiten dazu. Gleichwohl muss das praktische Vorgehen der Mutter beim Stillen aber auch zum Teil erlernt werden.

Am einfachsten lässt es sich durch das Beobachten stillender Mütter lernen. Da wir aber heute nicht mehr in einer »Stillkultur« leben, fehlen solche Vorbilder für die Praxis des Stillens fast immer. Viele Frauen haben noch nie eine stillende Mutter beobachtet, wenn sie heute ihr erstes Kind erwarten.

Das war früher ganz anders. Denn in »Stillkulturen« lernten schon Kleinkinder im täglichen Zusammensein mit vielen stillenden Müttern ganz selbstverständlich, wie gestillt wird. Im Spiel ahmten sie dann das Stillen mit einer Puppe nach, wie es auch heute oft bei älteren Geschwistern von Stillbabys oder bei lang gestillten Kindern zu beobachten ist.

Auf diese Weise wurde der Umgang mit dem Baby schon früh geübt und verinnerlicht. Diese Art von Körperwissen war später den erwachsenen Frauen allerdings unbewusst. Die gespeicherten Tätigkeiten und Bewegungsabläufe konnten beim Stillen eines eigenen Babys abgerufen werden, sodass weitere Anleitung unnötig war.

Nebenbei bemerkt: Damit Kinder auch in Zukunft das Stillen am Modell lernen können, ist es wichtig, dass Mütter heutzutage unbehelligt in der Öffentlichkeit stillen können.

Auf den nächsten Seiten erfahren Sie, wie Sie sich innerlich und praktisch optimal auf das Stillen vorbereiten können und welche Anschaffungen für die Stillzeit sinnvoll sind.

Bereiten Sie sich mental auf das Stillen vor

Die wichtigste Vorbereitung auf das Stillen findet in Ihrem Kopf statt. Sie haben jetzt etwa neun Monate Zeit, um sich geistig darauf einzustimmen, dass Sie Ihr Kind stillen werden. Nutzen Sie die Schwangerschaft, um die wichtigen Dinge für Ihren Stillerfolg zu lernen und so das Fehlen des Modell-Lernens in unserer Kultur auszugleichen. So wie Sportler sich mit mentalem Training auf Erfolg programmieren, können Sie bereits vor der Geburt Stillpositionen und Bewegungsabläufe einüben, Ängste reduzieren und das Vertrauen in Ihre Stillfähigkeit stärken.

- Erstellen Sie eine Liste mit den Gründen, warum Stillen für Sie persönlich wichtig ist. Notieren Sie möglichst detailliert alles, was Ihnen einfällt: kurz- und langfristige Motive, emotionale, körperliche, intellektuelle, soziale, finanzielle, ökologische Gründe und so weiter. Das Aufschreiben Ihrer Gründe hilft Ihnen, sich bewusst zu machen, dass Stillen weit mehr als Ernährung ist. Diese Liste kann Sie außerdem in schwierigen Phasen der Stillzeit motivieren, nicht zu schnell aufzugeben.

- Legen Sie eine Mappe an mit wichtigen Informationen und Adressen für die Stillzeit und heften Sie die Liste mit Ihren persönlichen Gründen darin ab.
- Machen Sie in Ihrem Umfeld erfolgreich stillende Mütter ausfindig. Löchern Sie sie mit Ihren Fragen zum Stillen. Zum Beispiel: Was war für sie besonders herausfordernd und wie haben sie es bewältigt? Verbringen Sie so viel Zeit wie möglich mit ihnen, damit Sie sie beim Stillen beobachten und dabei von ihnen lernen können.
- Wenn Sie keine erfolgreich stillenden Mütter finden können, besuchen Sie noch in der Schwangerschaft eine Stillgruppe vor Ort. In vielen Geburtskliniken, Geburtshäusern und auch Hebammenpraxen sowie auch in Privaträumen werden regelmäßige Treffen von Stillgruppen angeboten. Diese Gruppen werden meist von einer Stillberaterin geleitet und bieten Müttern Kontakt und Erfahrungsaustausch mit anderen Stillenden sowie Rat und Antworten bei vielen Fragen während der Stillzeit – und davor.
- Hören Sie sich keine Horrorgeschichten vom Stillen an. Wenn Sie merken, dass jemand Sie vom Stillen abbringen möchte, Ihre Stillfähigkeit anzweifelt oder ungefragt »gute« Ratschläge für die Stillzeit oder für das Leben mit dem Baby gibt, stellen Sie ruhig und sachlich klar, dass Sie diese Erfahrungen selbst machen möchten. Wenn es möglich ist und Ihnen nötig erscheint, reduzieren Sie den Kontakt zu diesen Personen.
- Im Zeitalter des Internets und der sozialen Medien gibt es Informationen, Tipps und Ratschläge zum Stillen im Überfluss. Manches davon ist hilfreich, einiges aber auch nicht. Leider überwiegen zumeist noch falsche Informationen und schlechte Ratschläge, die Sie sehr verunsichern können.
- Meiden Sie insbesondere Informationsmaterialien von Säuglingsnahrungsherstellern. Diese sind oft sehr ansprechend und aufwändig erstellt und wirken neutral und sogar hilfreich. Aber sie sind nicht dafür entwickelt, das Stillen dauerhaft zu unterstützen, da die Hersteller nicht wirklich daran interessiert sind, dass Babys lange gestillt werden.
- Es ist ausreichend, wenn Sie ein (!) gutes Stillbuch lesen. Sie können und müssen sich vor der Stillzeit nicht auf alle vorstellbaren Szenarien vorbereiten. Aber Sie sollten wissen, wo

Sie gute Informationen finden und schnell Hilfe erhalten können. Im Anhang dieses Buches finden Sie Tipps für empfehlenswerte Webseiten.

- Informieren Sie sich schon jetzt über die vielen Mythen und Ammenmärchen rund ums Stillen, damit schlechte Ratschläge – denn die werden Sie bekommen, selbst wenn Sie nicht danach fragen – Sie nicht so leicht verunsichern können. Leider sind es nicht nur Laien, die Ihnen meist aus Unwissenheit falsche Empfehlungen geben, auch bei Fachpersonen kommt das immer wieder vor. Wenn Sie selbst gut informiert sind, können Sie die Aussagen von anderen besser einordnen und Ihren eigenen Standpunkt dazu finden. In den nächsten Kapiteln werde ich die wichtigsten Mythen aufklären.
- In Geburtsvorbereitungs- und Babypflegekursen nimmt das Stillen manchmal wenig Raum ein. Wenn Sie neue Informationen am besten durch Fragen, Zuhören, Beobachten und praktische Übungen aufnehmen können, kann die Teilnahme an einem Kurs zur Stillvorbereitung hilfreich für Sie sein. Stillvorbereitungskurse werden in vielen Kliniken, Geburtshäusern und Praxen von Hebammen oder Stillberaterinnen angeboten. Falls Sie in Ihrer Nähe keinen passenden Kurs finden, können Sie auch über das Internet einen Stillvorbereitungskurs online oder auf DVD kaufen. So wäre es auch möglich, sich wichtige Lektionen mehrfach anzusehen.
- Notieren Sie sich in Ihrer Mappe auch Kontaktdaten und Telefonnummern von Stillberaterinnen in der Nähe, die bei einem Stillproblem einen Hausbesuch machen würden oder die Sie aufsuchen könnten. Falls es tatsächlich beim Stillen zu Problemen kommt, haben Sie dann bereits alles parat und müssen nicht zusätzlich zu dem Stress, den Sie ohnehin schon haben, noch mit der Suche nach Unterstützung beginnen.
- Finden Sie ebenfalls heraus, wo Sie mit einem ärztlichen Rezept eine gute elektrische Milchpumpe mieten können, falls Sie in der Stillzeit eine benötigen sollten – am besten mit Doppelpumpzubehör zum gleichzeitigen Abpumpen beider Brüste. Apotheken, Sanitätshäuser, Kliniken, Hebammenpraxen sowie selbstständige Hebammen oder Stillberaterinnen können hier Ihre Ansprechpartner sein.

Ihr Körper bereitet sich vor

Durch die Schwangerschaftshormone gesteuert, bereitet sich auch Ihr Körper ohne Ihr Zutun darauf vor, dass Ihr Neugeborenes nach der Geburt die Brust

schnell finden und dort die optimale Nahrung bekommen kann.
Die Vorbereitung Ihrer Brüste auf das Stillen hat aber bereits lange vor Ihrer ersten Schwangerschaft begonnen. Schon kurz vor der Pubertät fingen Ihre Brüste an zu wachsen, indem dort Fett eingelagert wurde. Und auch das Drüsensystem in Ihren Brüsten begann sich zu entwickeln. Etwa nach zwei Jahren war diese Entwicklungsphase abgeschlossen und Ihre Brüste veränderten sich nur noch jeweils im Verlauf des Menstruationszyklus. Die Menge des eingelagerten Fettgewebes ist jetzt für die Form und Größe Ihrer Brüste verantwortlich, hat jedoch keinen Einfluss auf die Menge und Qualität der Muttermilch, die Sie bilden werden.
Während der ersten Schwangerschaft kommt es, unter dem Einfluss zahlreicher Hormone, zu weiteren Veränderungen in den Brüsten. Viele Frauen bemerken eine Schwangerschaft bereits ab der 3. bis 4. Woche an empfindlicheren Brustwarzen und einem Spannungsgefühl in den Brüsten. Die Haut Ihrer Brüste erscheint nun dünner, weil sie gedehnt wird, die Brüste stärker durchblutet werden und die oberflächlichen Venen deutlicher hervortreten. Ihr Brustumfang nimmt um ein bis zwei Körbchengrößen zu und bis zum Ende der Schwangerschaft wird jede Brust zirka 200 bis 300 g schwerer. Dabei wächst und verzweigt sich vor allem das Drüsengewebe, während das Fettgewebe in den Brüsten abnimmt.
Nach dem Abstillen bildet sich das Drüsengewebe wieder zurück, das Fettgewebe wird aber nicht wieder vollständig eingelagert. Darum haben die Brüste nach einer Schwangerschaft immer eine andere Form und mehr Elastizität als vorher.

Achtung Mythos

Es stimmt nicht, dass Stillen zu Hängebrüsten führt. Die Brüste verändern sich allein schon durch die Schwangerschaft. Eine veränderte Form nach der Stillzeit ist völlig unabhängig von der Stilldauer. Nicht-Stillen schützt also nicht vor hängenden Brüsten.

Die Warzenhöfe werden größer und dunkler. Sie bilden so einen stärkeren Kontrast zur hellen Hautfarbe der Brüste. Dies erleichtert es Ihrem Neugeborenen, Ihre Warzenhöfe nach der Geburt zu erkennen, da es seine Umgebung zunächst nur sehr verschwommen und unscharf sieht und Farben nur in Hell und Dunkel unterscheiden kann. Ist das nicht von der Natur geschickt eingerichtet?
Die auf dem Warzenhof befindlichen Montgomery-Drüsen treten nun stärker hervor und sondern ein talgartiges Sekret ab, das die Brustwarzen geschmei-

dig hält und vor dem Eindringen von Keimen schützt. Außerdem lockt es Ihr Neugeborenes später mit seinem Geruch, der dem Duft Ihres Fruchtwassers ähnlich ist, zu Ihrer Brustwarze.[14]

Auch die Brustwarzen werden größer und dehnbarer. Diese Dehnbarkeit nimmt übrigens mit jeder neuen Schwangerschaft weiter zu.

Im Verlauf der Schwangerschaft steigt das Milchbildungshormon Prolaktin in Ihrem Blut immer mehr an. Etwa in der Mitte der Schwangerschaft sind Ihre Brüste schon in der Lage, Milch zu bilden. Zunächst bilden sie jedoch goldgelbliches Kolostrum. Diese Neugeborenenmilch bemerken Sie vielleicht als cremige Tropfen oder eingetrocknetes Sekret auf der Brustwarze oder als Flecken im Körbchen Ihres BHs. Die Bildung größerer Mengen reifer Muttermilch wird allerdings noch durch die Hormone der Plazenta unterdrückt. Gut zu wissen: Käme es jetzt schon zur Geburt Ihres Babys, könnte Ihr Körper also mit der normalen Milchproduktion beginnen.

Die Brustdrüse »erinnert« übrigens vorausgegangene Schwangerschaften. Werden Sie erneut schwanger, wächst und vermehrt sich Ihr Drüsengewebe durch die Schwangerschaftshormone früher und schneller. Dies ist vermutlich der Grund, warum Mütter bei weiteren Kindern schneller und mehr Milch bilden als beim ersten Kind.

Was Sie noch zur körperlichen Vorbereitung tun können

Sie brauchen also nicht viel tun, um Ihren Körper auf das Stillen vorzubereiten, da alle notwendigen Veränderungen bereits durch die Schwangerschaftshormone gesteuert werden. Aber wie steht es mit den zahlreichen Tipps und Produktempfehlungen zur Vorbereitung auf das Stillen?

- Ihre Brustwarzen brauchen in der Schwangerschaft keine besondere Pflege. Waschen oder duschen Sie sich ganz normal mit einer pH-neutralen Seife oder Waschlotion, um die Haut nicht auszutrocknen.
- Es ist nicht nötig oder sinnvoll, die Brustwarzen für das Stillen »abzuhärten«. Entscheidend für die Vermeidung von schmerzenden oder wunden Brustwarzen nach der Geburt ist das gute Anlegen. Kräftiges Abrubbeln, Bürsten, Kneten oder sonstiges Bearbeiten der Brustwarzen kann die empfindliche Haut reizen, eine Brustentzündung verursachen und vorhandene Frühgeburtsbestrebungen verstärken.
- Sie müssen in der Schwangerschaft keinen BH tragen. Wenn Sie es jedoch so gewohnt sind und es wegen des

zunehmenden Gewichts Ihrer Brüste oder der empfindlicheren Brustwarzen angenehmer für Sie ist, wählen Sie einen gut passenden, nicht einengenden BH aus Baumwolle. Da die Brüste in der zweiten Schwangerschaftshälfte noch größer werden, kann es sein, dass Sie sich dann noch einmal einen größeren BH kaufen müssen.

- Lassen Sie ruhig zu Hause oder in Ihrer Freizeit immer mal für ein paar Stunden den BH ganz weg. Dies lockert Ihre Brüste, fördert die Durchblutung und den Milchfluss und ist daher auch nach der Geburt eine gute Idee, wenn Sie etwa eine zu geringe Milchbildung haben oder zu Milchstaus neigen.
- Das starke Wachstum führt bei der Mehrzahl der Schwangeren an den Unter- und Außenseiten der Brüste zu blaurötlichen Rissen der Unterhaut – den Schwangerschaftsstreifen (Striae). Striae werden bei genetischer Veranlagung zu schwachem Bindegewebe durch die Dehnung des Unterhautgewebes verursacht und lassen sich auch durch Massagen, spezielle Cremes oder Lotionen oder das ständige Tragen eines stützenden BHs nicht absolut verhindern. Sie sind irreparabel, verblassen aber im Laufe der Zeit und bleiben nur als helle Narben sichtbar.
- Auch wenn Sie Schlupf- oder Hohlwarzen haben, Ihre Brustwarzen also eingezogen sind, muss dies keine Probleme beim Stillen bereiten. Ihr Baby erwartet keine bestimmte Form oder Länge Ihrer Brustwarzen, sondern kann sich an das anpassen, was es bei Ihnen vorfindet. Wichtig ist dann jedoch, besonders darauf zu achten, Ihr Baby gut anzulegen, damit es möglichst viel Brust in den Mund bekommt. Wenn Sie allerdings etwas vorbereitend tun möchten, können Sie schon während der Schwangerschaft über mehrere Wochen hinweg und auch nach der Geburt mehrere Stunden täglich sogenannte Brustwarzenformer im BH tragen und so versuchen, Ihre Brustwarzen dehnbarer zu machen. Achten Sie dann aber auf einen bequemen, ausreichend großen BH, damit die Brustwarzenformer nicht zu stark auf die Brust gedrückt werden.

Auch Ihr Gehirn bereitet sich vor

Hormone steuern nicht nur die äußerlichen Veränderungen in der Pubertät, sondern beeinflussen auch unsere Wahrnehmungen und unser Verhalten als Erwachsene. So führt der steigende Östrogenspiegel dazu, dass Mädchen Gefühle im Bauch und generell körperliche Schmerzen stärker spüren als

Jungen. Die Bereiche im Gehirn, die Bauchgefühle und andere Körperempfindungen verarbeiten, sind dementsprechend später bei Frauen größer und empfindlicher als bei Männern.[15] Hinzu kommt, dass Frauen in höherem Maße fähig sind, sich in die körperliche Situation anderer hineinzuversetzen und so zum Beispiel deren Schmerzen selbst zu spüren. Deshalb können Sie später intuitiv »wissen«, welches körperliche Bedürfnis Ihr Baby gerade hat.[16]

Die Schwangerschaftshormone verändern die Struktur und die Funktionen Ihres Gehirns noch weiter. Jene Hirnareale, die Empathie, Angst und soziale Interaktion steuern, werden nun aktiver. Dies führt dazu, dass Sie wachsamer sind und sich beschützender verhalten. Es hilft Ihnen, neue Prioritäten zu setzen, um sich emotional auf die Beziehung zu Ihrem Baby einzulassen und es, falls nötig, zu verteidigen. Wundern Sie sich also nicht, wenn Sie jetzt als Schwangere heftige Gefühle und neue Verhaltensweisen an sich beobachten, die Sie bisher von sich noch nicht kannten.

Die Schaltkreise für Geruch, Hunger und Durst im Gehirn werden größer. Dies sorgt dafür, dass Sie genügend, aber auch das Richtige, essen und trinken, um Ihren Körper und den Fetus gut zu versorgen und nicht versehentlich zu schädigen. Nach der Geburt unterstützt der geschärfte Geruchssinn die Entstehung der Mutter-Kind-Bindung, indem sich der Duft Ihres Neugeborenen Ihrem Gehirn einprägt. Denn Liebe geht durch die Nase!

Die Mehrzahl der Schwangeren und frisch gebackenen Mütter leidet zudem an Gedächtnis- und Denkschwierigkeiten oder Wortfindungsstörungen. Diese werden häufig als »Schwangerschafts-Demenz«, »Still-Demenz« oder »Wochenbett-Alzheimer« bezeichnet. Sie sind aber eine normale Folge der veränderten Hormonlage und vermutlich des Schlafdefizits. Auch hier ist nur die Biologie am Werk und hilft Ihnen, Stress besser auszuhalten und später eine gute Mutter zu sein. Aber keine Sorge: Etwa sechs Monate nach der Geburt – spätestens jedoch nach dem Abstillen – stellt sich langsam wieder der Normalzustand ein.

Was Sie sonst noch tun können

Machen Sie sich nicht so viele Gedanken darüber, dass Sie etwas falsch machen könnten, wenn Ihr Baby da ist. Sie müssen auch nicht immer genau wissen, was zu tun ist. Mit dem Ziel, alles richtig machen zu wollen, setzen Sie sich nur selbst unnötig unter Druck.

Gehen Sie es lieber entspannt und spielerisch an. Vertrauen Sie vor allem auf

Ihr eigenes Gefühl. Ihre Intuition weist Ihnen den Weg. Wenn sich etwas gut anfühlt, ist es auch gut und richtig, so, wie es gerade ist.

Die Schwangerschaft ist ohnehin eine gute Zeit, um Ihr Bauchgefühl oder Ihre Intuition besser kennenzulernen. Gönnen Sie sich dazu Zeit und Ruhe, nehmen Sie einfach nur Ihren Atem und Ihre Körperempfindungen wahr. Hören Sie auf Ihren Körper, achten Sie auf Ihre Bedürfnisse und geben Sie ruhig auch Ihren Gelüsten nach speziellen Lebensmitteln nach. Sie können sicher sein, Ihr Körper weist Sie damit darauf hin, was Ihnen im Moment gerade fehlt und was Ihnen daher jetzt gut tun würde.

Vertrauen Sie auch auf die Kraft Ihrer eigenen Vorstellung – der Imagination. Entwickeln Sie ein Bild von sich als erfolgreich stillender Mutter. Suchen Sie sich dazu einen ruhigen Ort, an dem Sie sich wohl fühlen, und sorgen Sie dafür, dass Sie in dieser Zeit nicht gestört werden. Nehmen Sie zunächst einfach nur achtsam wahr, was jetzt gerade ist: Ihre Körperhaltung, den Fluss Ihres Atems, Ihre Gedanken und Gefühle. Stellen Sie sich dann möglichst bildhaft und mit allen Sinnen vor, wie es sein wird, wenn Sie Ihr Baby stillen. Wo Sie sich befinden, wie Sie Ihr Baby halten, wie Sie es anschauen, wie angenehm es sich anfühlt, wenn es an Ihrer Brust saugt und wie es Sie dabei anblickt. Wiederholen Sie diese Imaginationsübung immer wieder im Verlauf des Tages in geeigneten Situationen.

Konzentrieren Sie sich darauf, schon in der Schwangerschaft eine Beziehung zu Ihrem Baby aufzubauen. Nehmen Sie sich dazu täglich ganz bewusst Zeit, um Kontakt mit Ihrem Ungeborenen aufzunehmen. Entspannen Sie sich, legen Sie Ihre Hände auf Ihren Bauch und atmen Sie ein bis zwei Minuten lang tief in den Bauch zu Ihrem Baby. Wenn Sie dabei merken, dass Sie eine emotionale Verbindung miteinander haben, gehen Sie in einen Dialog. Sprechen Sie laut mit ihm, so, als würde es Ihre Worte tatsächlich schon verstehen können. Erzählen Sie ihm, wie es Ihnen geht, was Sie gerade beschäftigt und wie sehr Sie sich darauf freuen, es bald in Ihren Armen zu halten und zu stillen.

Bereiten Sie Ihre Umgebung für das Stillen vor

Hebammenbetreuung: Suchen Sie sich schon früh in der Schwangerschaft eine Hebamme für die Wochenbettbetreuung, die menschlich und mit ihrer Philosophie zu Ihnen passt. Im Wochenbett werden die Hausbesuche eine unschätzbare Hilfe sein, wenn Sie in den ersten Tagen und Wochen das Stillen miteinander lernen und sich doch die ein oder andere Frage oder Verunsicherung einstellt.

Kinderarzt: Erkundigen Sie sich bei Ihrer Hebamme und bei Müttern in Ihrem Umfeld nach einem stillfreundlichen Kinderarzt in Ihrer Nähe. Fragen Sie in der Praxis nach, ob dort noch neue Patienten aufgenommen werden. Melden Sie Ihr Baby noch vor der Geburt dort an. Vor allem, wenn Sie eine ambulante Geburt planen, ist es wichtig zu wissen, an wen Sie sich wenden können, wenn es in den ersten Tagen Auffälligkeiten bei Ihrem Baby gibt.

Vorsorge: Regelmäßige Schwangerenvorsorge ist auch für das Stillen wichtig. Sie kann vom Gynäkologen und auch von einer Hebamme durchgeführt werden und dient dazu, Unregelmäßigkeiten im Schwangerschaftsverlauf, zum Beispiel Frühgeburtsbestrebungen, frühzeitig zu erkennen. Wenn eine Frühgeburt durch rechtzeitige Maßnahmen verhindert werden kann, erleichtert dies auch Ihren Stillstart, da ein reifes Baby nach der Geburt weniger Schwierigkeiten beim Trinken hat.

Brustuntersuchung: Im Rahmen der Schwangerenvorsorge sollten auch Ihre Brüste mindestens einmal angeschaut werden. Bitten Sie Ihren Arzt oder Ihre Hebamme, Ihre Brüste zu untersuchen, falls dies in der ersten Schwangerschaftshälfte noch nicht erfolgt ist.

Stillberatung: Machen Sie sich Sorgen bezüglich der Form Ihrer Brüste, Ihrer Brustwarzen oder weil Ihre Brüste in der Schwangerschaft nur geringfügig gewachsen sind? Hatten Sie schon einmal eine Brustoperation? Leiden Sie an Diabetes, einer Schilddrüsenunterfunktion oder einem Polyzystischen Ovar-Syndrom (PCOS)? Erwarten Sie Mehrlinge, droht eine Frühgeburt oder könnte Ihr Baby möglicherweise krank oder mit einer Behinderung auf die Welt kommen? Dann empfehle ich Ihnen, sich schon in der Schwangerschaft von einer Still- und Laktationsberaterin IBCLC[17] persönlich beraten zu lassen, um eventuell möglichen Problemen beim Stillen besser begegnen zu können.

Falls das Stillen bei Ihrem ersten Kind nicht funktioniert hat, weil die Milch nicht reichte oder das Anlegen schwierig war, kann in einer neuen Schwangerschaft eine professionelle Stillberatung ebenfalls sehr hilfreich und entlastend für Sie sein. Mit der Stillexpertin können Sie klären, welche Faktoren zu den Schwierigkeiten geführt haben und wie Sie diese bei Ihrem nächsten Baby vermeiden könnten.

Die Beratung einer Still- und Laktationsberaterin IBCLC ist (noch) keine Leistung der gesetzlichen Krankenkassen und muss daher in der Regel privat bezahlt werden. Manche Krankenversicherungen erstatten die Kosten aber dennoch. Fragen Sie also ruhig bei Ihrer Kasse nach oder erwägen Sie eventuell sogar die Kasse zu wechseln. Adressen von Still- und Laktationsberaterinnen IBCLC finden Sie im Anhang.

Geburtsvorbereitung: Gute Geburtsvorbereitung ist ebenfalls eine wichtige Vorbereitung für das Stillen. Ihr Vertrauen in Ihre Gebärfähigkeit und Ihre Entspannungsfähigkeit während der Wehen tragen maßgeblich zu einer Geburt ohne geburtshilfliche Interventionen bei. Und nach einer natürlichen Geburt ist es für Sie beide wesentlich leichter, das Stillen gut zu beginnen. Imaginationsübungen und Selbsthypnose können Ihnen dabei helfen, sich auch mental gut auf die Geburt vorzubereiten.[18]

Geburtsbegleitung: Sorgen Sie dafür, dass Sie während der Wehen nicht alleine sind, sondern von einer Person Ihres Vertrauens umsorgt und unterstützt werden können. Kontinuierliche, gute Unterstützung erleichtert und verkürzt die Geburt. Dies reduziert die Notwendigkeit von schmerzlindernden Medikamenten und medizinischen Eingriffen und unterstützt damit auch das Stillen. Ihr Partner sollte auch an dem Geburtsvorbereitungskurs teilnehmen, damit er ebenfalls weiß, was bei und nach der Geburt auf Sie zukommt und wie er Ihnen während der Wehen und im Wochenbett körperlich und emotional helfen kann.

Zusätzlich ist es gut, bei der Geburt neben der Hebamme eine weitere vertraute weibliche Person mit eigener Geburtserfahrung dabei zu haben. Das könnte eine gute Freundin, Ihre Schwester, Mutter, Schwiegermutter oder auch eine Doula sein. Eine Doula ist eine professionelle Geburtsbegleiterin, die nicht die Aufgaben einer Hebamme übernimmt, sondern der Gebärenden emotional und physisch zur Seite steht und so auch den Partner entlasten kann.[19]

Geburtsort: Wählen Sie einen Geburtsort, an dem aufrechte Gebärpositionen unterstützt werden und nutzen Sie bei der Geburt die Schwerkraft. Bewegen Sie sich während der Eröffnung des Muttermundes in aufrechten Positionen so viel und in der Weise, wie es Ihrem Gefühl entspricht. Sie haben dann weniger Schmerzen und verkürzen die Dauer der Eröffnungsphase um etwa ein Drittel. Nehmen Sie auch in der Austreibungsphase eine aufrechte Position ein, zum Beispiel im Hocken, Sitzen oder Knien. Damit erleichtern Sie sich und Ihrem Baby die zweite Phase und reduzieren die Wahrscheinlichkeit für medizinische Eingriffe, die Ihren Stillbeginn erschweren können.[20]

Stillunterstützung: Denken Sie bei der Auswahl des Geburtsortes auch an eine gute Unterstützung des Stillens. Gibt es in Ihrer Nähe ein »Babyfreundliches Krankenhaus«? Dann streben Sie an, dort zu gebären. Diese Kliniken haben sich der Förderung von Bindung, Entwicklung und Stillen in den ersten Lebenstagen eines Kindes verpflichtet und müssen die Kriterien der weltweiten Initiative »Babyfreundlich« von WHO und UNICEF erfüllen.[21]

In einigen Städten gibt es an Kliniken mittlerweile zusätzlich von Hebammen geleitete Kreißsäle. Dort werden Sie schon in einer normal verlaufenden Schwangerschaft von den Hebammen betreut und können so bereits vor der Geburt ein Vertrauensverhältnis aufbauen. Die Hebammenkreißsäle bemühen sich außerdem um eine intensive 1:1-Betreuung während der Geburt, was die Chancen auf einen natürlichen Geburtsverlauf ohne medizinische Eingriffe und somit auf einen unkomplizierten Stillbeginn um das Zweieinhalbfache erhöht.

Gleichwohl kann auch in Einrichtungen ohne die Plakette »Babyfreundlich«, wie Kliniken, Geburtshäusern oder bei Hausgeburten, der Stillbeginn optimal unterstützt werden. Wenn möglich, wählen Sie eine Klinik mit einer niedrigen Kaiserschnittrate (10–15 Prozent). Fragen Sie in der Einrichtung nach, ob Ihr Neugeborenes bei einem notwendigen Kaiserschnitt noch im Operationssaal direkt auf Ihre Brust gelegt wird (Sectiobonding), ob Sie es in den ersten Tagen ständig bei sich haben können (24-Stunden-Rooming-in), wie hoch die Quote der ausschließlich gestillten Babys bei der Entlassung ist, ob es im Haus zertifizierte Still- und Laktationsberaterinnen IBCLC und für alle Mitarbeiter geltende Stillrichtlinien gibt.

Stillplätze: Probieren Sie schon jetzt verschiedene Sitzgelegenheiten in den wichtigsten Räumen Ihres Zuhauses (Schlafzimmer, Wohnzimmer, Kinderzimmer) für eine bequem zurückgelehnte Stillposition aus. Machen Sie es sich dazu, mit einigen weichen oder festeren Kissen als Unterstützung im Rücken, unter Armen, Schultern, Kopf und Nacken, zunächst richtig bequem. Legen Sie sich dann eine Puppe oder ein Stofftier auf Ihren Bauch. Können Sie in dieser Position 30 bis 60 Minuten ohne Anstrengung verweilen? Dann merken Sie sich diese Position. Falls nicht, experimentieren Sie noch ein wenig mit Ihren Kissen, bis Sie Ihre optimale Position gefunden haben. Mehr dazu erfahren Sie im Kapitel 5.

Bereiten Sie sich gleich neben Ihren Stillplätzen auch eine Ablagefläche vor, damit Sie alles griffbereit haben, was Sie während des Stillens benötigen könnten. Dazu gehört unbedingt ein Getränk, zum Beispiel eine Flasche mit Wasser oder eine Tasse mit Tee, denn Stillen macht durstig. Außerdem etwas Gesundes zum Essen, und wenn Sie beim Stillen erst einmal routiniert geworden sind, vielleicht noch ein Buch zum Lesen oder ähnliches.

Kissen an den richtigen Stellen unterstützen eine bequeme Stillposition

Geschwisterkinder: Wenn Sie bereits ein älteres Kind haben, halten Sie an Ihren Stillplätzen auch etwas bereit, um das Große zu beschäftigen, damit Sie in Ruhe das Kleine stillen können. Bewährt haben sich gesunde Snacks und Getränke sowie Mal- oder Bastelsachen, Fotoalben, Bilder- oder Vorlesebücher, Lieder- oder Hörbücher auf CD, Puzzles und andere Spiele für ruhiges Spielen am Tisch.

Was Sie für die Stillzeit benötigen und was nicht

Sie brauchen zum Stillen eigentlich nur Ihre Brust und ein Baby. Trotzdem werden Sie von vielen Seiten mit Spezialartikeln und Einkaufsempfehlungen für die Stillzeit konfrontiert, denn davon lebt heute ein ganzer Industriezweig. Hier sind meine Empfehlungen:

- Bevorzugen Sie generell im Leben mit kleinen Kindern helle, kleingemusterte Stoffe für Ihre Kleidung, da darauf Flecken von Milch und anderem nicht so leicht zu sehen sind. Außerdem sollte sie maschinenwaschbar und möglichst bügelfrei sein, damit keine zusätzliche Arbeit für Sie anfällt.
- Besondere Stillkleidung, wie zum Beispiel Still-Tops oder Still-Shirts mit raffinierten Schnitten und verdeckten Öffnungen, mag vielleicht praktisch sein, ist aber mit Sicherheit nicht notwendig. Sie können auch einfach Ihre bisherige Kleidung weitertragen. Tragen Sie Ober- und Unterteil, können Sie einfach zum Anlegen Ihr Oberteil etwas hochschieben und Ihr Baby auch in der Öffentlichkeit diskret stillen. Eine Jacke oder ein Tuch über den Schultern schützen Sie zusätzlich vor Blicken von der Seite. Für die Nacht ist ein Pyjama oder ein vorn knöpfbares Nachthemd empfehlenswert.

- Einen speziellen Still-BH brauchen Sie auch nicht unbedingt. Sie können einen normalen, elastischen Baumwoll-BH zum Stillen hoch- und runterschieben oder ein Bustier verwenden. Wenn Sie sich einen Still-BH anschaffen wollen, nehmen Sie am besten einen, bei dem sich die Körbchen mit nur einer Hand öffnen lassen. Nach der Geburt werden Ihre Brüste noch ein bis zwei Nummern größer sein als in der Schwangerschaft. Warten Sie also besser mit dem Kauf, bis Ihr Baby geboren ist. Wahrscheinlich benötigen Sie zwei bis drei BHs, damit Sie auch wechseln können, wenn einer in der Wäsche ist. Hinterlässt der BH Abdrücke auf Ihren Brüsten, ist er zu eng. Auch sollten Sie in den ersten Wochen Bügel-BHs vermeiden, da diese zu Milchstaus führen können.
- Nicht jede Mutter benötigt Stilleinlagen in der Stillzeit. Manche brauchen sie nur in den ersten Wochen, andere überhaupt nicht. Ob Sie sich für maschinenwaschbare Stilleinlagen aus Baumwolle, Wolle-Seide-Stilleinlagen oder Einmal-Stilleinlagen aus Zellstoff entscheiden, bleibt Ihnen überlassen. Stilleinlagen aus Wolle und Seide müssen von Hand gewaschen werden und sind daher nicht steril, sodass ich sie wegen der möglichen Keimübertragung nicht bei wunden Brustwarzen empfehle.
- Sie benötigen kein spezielles Stillkissen, um Ihr Baby beim Stillen darauf abzulegen. Das kann das Stillen sogar eher erschweren, weil dabei ein zu großer Abstand zwischen Ihren Körpern entstehen kann. Um sich und Ihr Baby gut abzustützen, reichen auch mehrere Kissen mit unterschiedlicher Größe und Festigkeit aus. Wenn Sie ein flexibles Stillkissen benutzen möchten, benötigen Sie jedoch eine Sitzgelegenheit mit Armlehnen, da das Stillkissen einen Halt braucht, damit es nicht verrutscht. Mehr dazu in Kapitel 5.
- Ein Extrastuhl oder Sessel ist für die Stillzeit nicht erforderlich. Jede Sitzgelegenheit, auf der Sie entspannt und gut abgestützt sitzen oder halb liegen können, ist völlig ausreichend zum bequemen Stillen.
- Ein Hocker, um die Beine hochzulegen, oder ein Bänkchen, um die Füße darauf zu stellen, ist nett. Man kann aber auch ein wenig improvisieren, und diese Entlastung mit anderen Einrichtungsgegenständen, einer Kiste oder einem stabilen Karton erreichen.
- Stillhütchen sind keine notwendigen Utensilien für die Stillzeit, auch nicht bei flachen Brustwarzen oder als Schutz für wunde Brustwarzen. Entscheidend ist vor allem ein gutes Anlegen, alles Wichtige darüber erfahren Sie in Kapitel 5.

- Sie müssen sich keine elektrische Milchpumpe anschaffen, sollten aber wissen, wo Sie bei Bedarf kurzfristig eine gute elektrische Pumpe ausleihen können. Notieren Sie sich die Adressen und Telefonnummern der Mietzentralen für Milchpumpen in Ihrer Nähe und legen Sie die Liste in Ihre Mappe.
- Mit einer guten Handpumpe, die einhändig zu bedienen ist, lässt sich ein kleiner Vorrat an abgepumpter Milch anlegen und einfrieren, falls Sie später einmal für einige Stunden von Ihrem Baby getrennt sein müssen. Allerdings können viele Mütter ihre Brüste noch effektiver mit den eigenen Händen entleeren. Lassen Sie sich die richtige Technik von Ihrer Hebamme oder einer Stillberaterin zeigen.
- Sie benötigen auch keine Babywaage, um Ihr Kind zu wiegen. In der ersten Zeit wird sein Gewicht von Ihrer Hebamme kontrolliert, später geschieht dies bei den kinderärztlichen Vorsorgeuntersuchungen. Wenn Ihr Baby größer ist, können Sie sich auch gelegentlich mit Ihrem Baby auf die Personenwaage stellen und sein Gewicht ermitteln, indem Sie sich danach einmal ohne Baby wiegen und die Differenz ausrechnen. Woran Sie sonst noch erkennen, ob Ihr Baby genug Milch bekommt, erfahren Sie im Kapitel 6.
- Künstliche Säuglingsnahrung sollten Sie sich nicht anschaffen, auch nicht sicherheitshalber für den »Notfall«. Sie sabotieren damit Ihre eigene Entscheidung, erfolgreich zu stillen. Wenn es tatsächlich notwendig werden sollte, Ihrem Baby zusätzlich Flaschennahrung zu füttern, haben Sie immer noch genügend Zeit diese einzukaufen. Ist sie bereits im Haus, erhöht dies dagegen die Wahrscheinlichkeit, dass sie auch zum Einsatz kommt, was wiederum die Häufigkeit des Anlegens und damit Ihre Milchmenge und letztendlich Ihre Stilldauer reduzieren kann.
- Flaschen, Sauger und Schnuller anzuschaffen, ist ebenfalls nicht nötig. Viele Mütter kommen während der ganzen Stillzeit ohne aus. Falls sie dennoch nötig werden sollten, können Sie sie später immer noch besorgen.

Mit diesen Maßnahmen haben Sie bereits viel dafür getan, dass das Stillen gut beginnen und auch die weitere Stillzeit gut verlaufen kann und Sie das Ziel, Ihr Baby so lange zu stillen, wie es Ihnen beiden gefällt, entspannt erreichen können.

3
Das Stillen gut beginnen

Alle neugeborenen Säugetiere sind von der Natur auf Überleben programmiert. Kurz nach ihrer Geburt beginnen sie daher damit, nach ihrer lebensspendenden Nahrungsquelle – der mütterlichen Zitze – zu suchen. Dies gilt auch für neugeborene Menschen. Sie sind von Anfang an als aktive Partner am Stillprozess beteiligt. Diese Partnerschaft beginnt sogar schon lange vor der Geburt.

Das natürliche Hormonorchester

Im Lauf der Schwangerschaft wächst Ihr ungeborenes Kind und bereitet sich auf das Leben nach der Geburt vor. Zugleich gibt es Ihrem Körper aber auch notwendige Signale und unterstützt ihn dabei, sich ebenfalls auf die Geburt und das Stillen vorzubereiten. Fetale und mütterliche Hormone arbeiten dafür in komplexer Weise zusammen und steuern zahlreiche körperliche und psychische Vorgänge:[22]

- Während Ihr Ungeborenes heranreift, schüttet seine Nebennierenrinde Cortisol – ein aktivierendes Stresshormon – in sein Blut aus.
- Das fetale Cortisol regt Ihren Mutterkuchen (Plazenta) an, das Corticotropin-releasing Hormon (CRH) freizusetzen. CRH macht Ihren Gebärmutterhals (Cervix) weicher und regt zudem Ihre Hirnanhangdrüse an, Adrenocorticotropin (ACTH) auszuschütten.
- ACTH stimuliert wiederum Ihre Nebennierenrinde, ebenfalls Cortisol freizusetzen. Dieses mütterliche Cortisol steigert die Empfindlichkeit Ihrer Gebärmutter (Uterus) für Oxytocin und bereitet sie so auf die Geburt vor.
- Die Plazenta wandelt nun Progesteron – das Gelbkörperhormon, das die Schwangerschaft aufrechterhält – in Östrogene um. Diese Umwandlung erfolgt mithilfe von Androgenen, männlich wirkenden Sexualhormonen, die von Ihren Nebennieren und denen Ihres Kindes gebildet werden.
- Östrogene, die wichtigsten weiblichen Sexualhormone, bewirken eine etwa 100–200-fache Zunahme der Oxytocinrezeptoren in Ihrer Gebärmutterschleimhaut. Dadurch wird Ihre Gebärmutter noch empfindlicher für Oxytocin und beginnt sich allmählich immer häufiger und stärker zu kontrahieren.
- Die Uteruskontraktionen wirken wie eine aktivierende Massage für Ihr ungeborenes Kind und unterstützen die Reifung seiner Lungen. Zugleich regen sie das Baby dazu an, Beta-Endorphine auszuschütten, die es während der anstrengenden Geburt

schützen werden. Beta-Endorphine – die »Glückshormone« – sind körpereigene Morphine, die ähnlich wie Opiate Schmerzen dämpfen, stresstoleranter machen und euphorisierend wirken.

- Die vermehrten Östrogene führen auch dazu, dass Ihre Gebärmutter und die Plazenta Prostaglandine bilden, die ebenfalls Ihre Cervix weicher und geburtsbereiter machen. Außerdem erhöhen die Östrogene die Gerinnungsfähigkeit Ihres Bluts und schützen Sie so vor einem erhöhten Blutverlust bei der Geburt.
- Die Menge des Prolaktins – des Milchbildungshormons – steigt während der normalen Schwangerschaftsdauer von 40 bis 41 Wochen kontinuierlich bis auf einen 20- bis 50-fachen Wert an. Es kann jedoch noch nicht milchbildend wirken, weil die Prolaktinrezeptoren in den Brustdrüsen noch durch ein Plazentahormon – das humane Plazentalaktogen (HPL) – besetzt werden.
- Zum Geburtstermin steigt das Oxytocin in Ihrem Blut leicht an. Die nun maximal für Oxytocin empfindliche Gebärmuttermuskulatur kontrahiert sich regelmäßiger und stärker. Die Eröffnung des Muttermunds beginnt. Auch Ihr Ungeborenes schüttet während der Geburt Oxytocin aus.
- Während der Eröffnungswehen in der ersten Phase der Geburt steigen bei Mutter und Kind auch die Beta-Endorphine im Blut an. Sie wirken schmerzlindernd, beruhigend und euphorisierend, fördern intuitives Verhalten und die Bindung.
- In der zweiten Phase der Geburt schiebt sich das Baby tiefer ins Becken und dehnt dabei Ihren Gebärmutterhals (Cervix) und Ihre Vagina. Dies löst den Ferguson-Reflex aus, der durch eine heftige Oxytocinausschüttung zu kräftigen Austreibungswehen führt.
- Dieser plötzliche starke Anstieg von Oxytocin – das auch als das Liebes- und Bindungshormon bezeichnet wird – bereitet Sie beide auch darauf vor, sich nach der Geburt ineinander zu verlieben und erleichtert ebenfalls intuitives Verhalten.
- Nach der Geburt unterstützen Beta-Endorphine die Ausschüttung von Prolaktin sowie die Verarbeitung der Geburt und den Aufbau der innigen Mutter-Kind-Bindung.
- Im Kolostrum und in der Muttermilch enthaltene Beta-Endorphine helfen dem Neugeborenen, den Stress des Geborenwerdens zu verarbeiten und sich nach dem Stillen wohl zu fühlen.

Das Neugeborene nach der Geburt

Ein reifes Neugeborenes, das sofort nach der Geburt im direkten Haut-zu-Haut-Kontakt ungestört auf dem Bauch der Mutter liegt, zeigt in seiner ersten Lebensstunde ein typisches instinktives Verhaltensprogramm. Diese angeborenen Verhaltensmuster, die ich im Folgenden beschreiben werde, sichern sein Überleben und erleichtern ihm den Übergang zum Leben außerhalb der Gebärmutter, weil seine Grundbedürfnisse nach Sicherheit, Wärme, Körperkontakt und Nahrung befriedigt werden.[23] Neugeborene, die in den ersten ein bis zwei Lebensstunden im Hautkontakt mit ihren Müttern bleiben, atmen besser, schreien deutlich weniger, haben eine stabilere Körpertemperatur und bessere Blutzuckerwerte. Sie werden schneller mit »guten« mütterlichen Bakterien statt mit »schädlichen« Krankenhauskeimen besiedelt. Und sie werden öfter und länger erfolgreich gestillt.

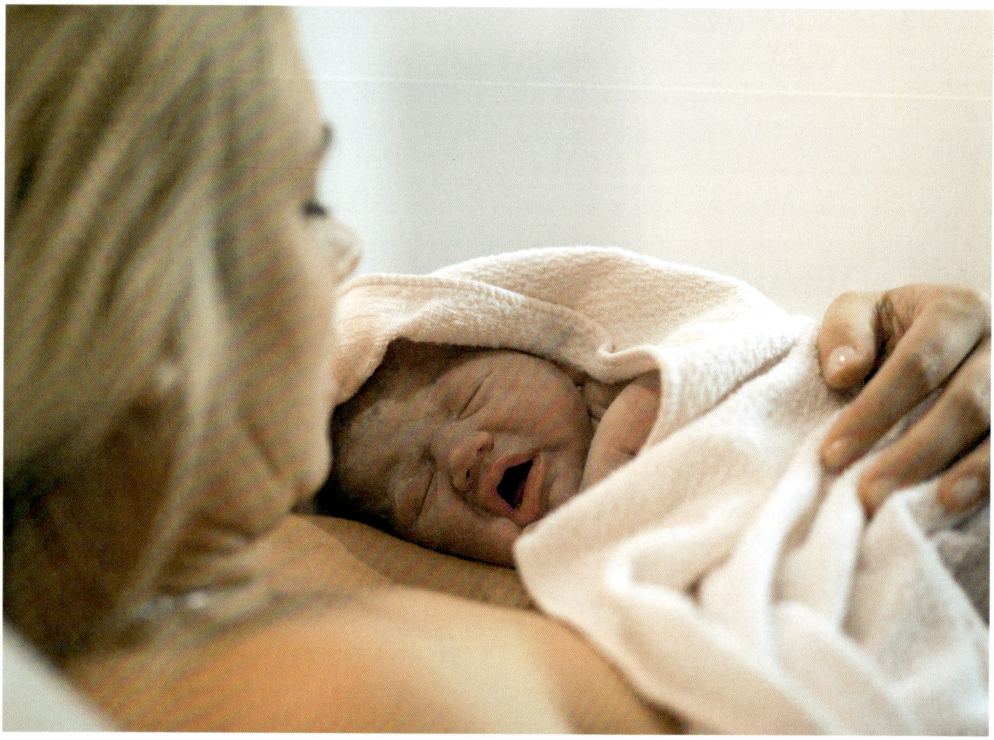

Ausgiebiger Hautkontakt nach der Geburt unterstützt die Bindung und das Stillen

Diese erste ungestörte Zeit ist aber auch für Sie wichtig. Denn sie ermöglicht Ihnen, Ihr neues Baby buchstäblich mit all Ihren Sinnen kennenzulernen. Sie können sich dabei mit seinem Aussehen, seiner Stimme, seiner Haut, dem Gefühl seines Körpers auf Ihnen, seinem Geruch und sogar seinem Geschmack vertraut machen. Dies hilft Ihnen, leichter in Ihre neue Rolle als Mutter hineinzuwachsen und sich sicherer im Umgang mit Ihrem Baby zu fühlen.

Der liebevolle Hautkontakt führt auch zu einem starken Anstieg von Oxytocin in Ihrem Blut und in dem Blut Ihres Babys. Das Kuscheln in den ersten Stunden nach der Geburt, aber auch während der ersten Wochen und Monate – auch »Bonding« genannt – unterstützt Sie daher beide dabei, eine lebenslange innere Bindung zu entwickeln.

Gleichzeitig erleichtert der ausgiebige erste Körperkontakt auch den Stillbeginn. Denn auf Ihrem Körper liegend, ist es Ihrem Baby noch über viele Wochen möglich, ohne Hilfe Ihre Brustwarze zu finden, daran zu saugen und an Ihrer Brust zu trinken. Dieses instinktive Bewegen des Babys zur Brust wird auch »Breast Crawl« (deutsch: Brustkriechen) genannt. Es basiert auf cirka 20 angeborenen Reflexen, die durch Hunger und Berührungen an seiner gesamten vorderen Körperseite ausgelöst werden.[24]

Die neun Phasen der ersten Lebensstunde

1. Direkt nach der Geburt erfolgt meist der unverwechselbare *Geburtsschrei des Neugeborenen*, der zur Entfaltung der Lungen führt.
2. Sobald der Geburtsschrei beendet ist, *entspannt es sich* zunächst für ein paar Minuten.
3. Etwa drei Minuten nach der Geburt beginnt die *Phase des Erwachens.* Es öffnet die Augen und bewegt dabei immer wieder leicht seinen Kopf, seine Schultern und auch seinen Mund.
4. Ungefähr acht Minuten nach der Geburt fängt es an, sich *stärker zu bewegen.* Seine Augen sind jetzt meist weit geöffnet, und es schaut häufiger zu Ihrer Brust, denn der große, dunkle Warzenhof zieht seinen Blick magisch an. Es dreht den Kopf zu den Seiten und reibt dabei seine Wangen an Ihrem Brustkorb. Oft führt es sein Händchen zum Mund und zu Ihrer Brust und anschließend wieder zu seinem Mund. Es streckt die Zunge aus dem Mund. Vielleicht hebt es sogar seinen Kopf und seinen Oberkörper und beginnt, sich zu Ihrer Brust zu bewegen.
5. Während jeder Phase in der ersten Lebensstunde *ruht* sich das Neugeborene immer wieder zeitweise aus.
6. Ungefähr 35 Minuten nach der Geburt fangen die meisten Neugeborenen an, mit schiebenden Beinbewegungen *ak-*

tiv in Richtung Brust zu robben. Dabei sucht es nach der Brust und der Brustwarze, indem es den Kopf hin und her bewegt und dabei mit seinen Wangen die Umgebung abtastet.

7. Die nächste *Phase des Kennenlernens* beginnt etwa 40 Minuten nach der Geburt und dauert bis zu 20 Minuten oder länger. Jetzt leckt Ihr Neugeborenes vielleicht an Ihrer Brust, berührt und massiert sie mit den Händen und führt seine Hand dann zum eigenen Mund. Schon bald nimmt es Ihre Brustwarze in den Mund und leckt daran. Dabei schaut es Sie an und gibt oft kleine Laute von sich. Manchmal blickt es nun auch den Vater an.
8. Ungefähr 60 Minuten nach der Geburt *dockt es selbstständig an Ihrer Brust an* und beginnt daran zu saugen.
9. In der letzten Phase, etwa 1,5 bis 2 Stunden nach der Geburt, fallen die meisten Neugeborenen, und manchmal auch die Mutter, in einen tiefen, erholsamen *Schlaf*.

Ihr Neugeborenes sollte mindestens in den ersten zwei Stunden nach der Geburt oder bis nach dem ersten Stillen ungestört im ununterbrochenen Haut-Haut-Kontakt auf Ihrem Körper liegen bleiben. So können Sie Ihre Stillbeziehung natürlich beginnen, und Ihr Baby kann so früh wie möglich das wertvolle Kolostrum genießen.

Kolostrum – mehr als ideale Erstnahrung

Kolostrum ist die erste Milch, die ab der 12. bis 16. Schwangerschaftswoche und in den ersten Tagen nach der Geburt in Ihren Brustdrüsen für Ihr Neugeborenes gebildet wird.

Kolostrum hat eine dickflüssige Konsistenz. Seine goldgelbe Farbe entsteht durch den hohen Beta-Carotin-Gehalt, der zehnfach höher ist als in reifer Muttermilch.

Kolostrum hat einen durchschnittlichen Energiegehalt von 67 kcal pro 100 ml. Es liefert damit etwas weniger Energie als reife Muttermilch (75 kcal/100 ml), weil in Kolostrum weniger Kohlenhydrate und Laktose (Milchzucker) und nur 2 Prozent Fett enthalten sind. Im Vergleich zu reifer Muttermilch enthält es aber mehr Proteine, Natrium, Chlorid, Kalium und fettlösliche Vitamine, zum Beispiel dreimal so viel Vitamin A und E.

Kolostrum ist außerdem besonders reich an Abwehrstoffen und wird deshalb oft als »erste Schutzimpfung« des Neugeborenen bezeichnet. So enthält es zum Beispiel zehnmal mehr sekretorisches Immunglobulin A (sIgA) als reife Milch. Das sIgA hilft, die Schleimhäute im Nasen-Rachen-Raum, Lungen und Darm des Neugeborenen vor Krankheitserregern zu schützen.

Weiter sind in Kolostrum Interferone enthalten. Interferone sind Proteine, die das Immunsystem stimulieren, gegen Viren wirksam sind und das Wachstum von Tumorzellen hemmen können.

Außerdem enthält Kolostrum auch das Protein Fibronektin. Fibronektin hemmt Entzündungen, repariert entzündetes Gewebe und verstärkt die Fähigkeit der Phagozyten (auch »Fresszellen« genannt), krankheitsauslösende Erreger zu bekämpfen.

Forscher haben erst vor wenigen Jahren festgestellt, dass Kolostrum ein spezielles Protein enthält, das offenbar dazu dient, den empfindlichen Darm des Neugeborenen zu schützen, bevor er mit anderer Nahrung in Kontakt kommt. Dieser in der Brustdrüse gebildete Pankreatische sekretorische Trypsin-Inhibitor (PSTI) ist in Kolostrum siebenfach höher konzentriert als in reifer Milch. PSTI bildet eine Art Schutzfilm über beschädigten Zellen. Zusammen mit dem Epidermalen Wachstumsfaktor (EGF), einem das Zellwachstum anregenden Protein, sorgt er dafür, dass im Magen-Darm-Trakt 70–80 Prozent weniger geschädigte Zellen ihr eigenes Absterben selbst initiieren (Apoptose) und neue Zellen dreifach schneller gebildet werden.[25]

Kolostrum unterstützt darüber hinaus die Reifung des Darms des Neugeborenen. Es fördert den Aufbau einer gesunden Darmflora und die Bildung einer stabilen Darmbarriere der noch wochenlang für Proteine und Krankheitserreger durchlässigen Darmschleimhaut.

Nach einer Frühgeburt enthält das Kolostrum sogar bis zu doppelt so viele Makrophagen, Lymphozyten und andere lebende Zellen sowie deutlich mehr weitere Abwehrstoffe, wie sIgA, Lysozyme, Laktoferrin und weiße Blutkörperchen, als nach einer termingerechten Geburt.

Kolostrum ist extrem leicht verdaulich und wirkt zudem abführend. Damit hilft es dem Neugeborenen, schnell seinen ersten Stuhlgang – das Kindspech oder Mekonium – auszuscheiden. Ein frühes Absetzen des Mekoniums verringert die Gefahr einer Neugeborenengelbsucht (Hyperbilirubinämie). Diese entsteht, wenn das im Mekonium enthaltene Bilirubin – gelbes Abbauprodukt des roten Blutfarbstoffes Hämoglobin – aus dem Darm wieder zurück ins Blut gelangt und im gesamten Gewebe eingelagert wird.

Die Menge des Kolostrums liegt in den ersten drei Tagen bei 2 bis 20 ml pro Mahlzeit und passt damit exakt zu der noch geringen Magenkapazität des Neugeborenen. In den ersten 24 Lebensstunden erhält das Neugeborene durchschnittlich insgesamt etwa 100 ml Kolostrum, abhängig von der Anzahl der Mahlzeiten.

Die häufig gebrauchte Bezeichnung »Vormilch« für die Milch der ersten Tage spiegelt in keiner Weise den Wert des Kolostrums wider. Denn Kolostrum hat in den ersten Tagen nach der Geburt neben der Ernährungsfunktion vor allem eine große Bedeutung für die Gesundheit des Neugeborenen. Viele Kliniken motivieren daher heutzutage auch Mütter, die nicht stillen wollen oder ihr Baby zur Adoption freigeben, dazu, diese wertvolle erste Milch von Hand auszudrücken und dem Neugeborenen zugutekommen zu lassen.

Das erste Stillen

Liegt Ihr Neugeborenes nach der Geburt auf Ihrem Körper, sucht und findet es Ihre Brust durch das Berühren mit seiner unteren Gesichtshälfte, durch Tasten mit seinen Händen sowie durch Riechen und Sehen.

Durch den angenehmen Hautkontakt und die Berührung an Ihren Brüsten kommt es zu einem erneuten Oxytocinanstieg. Dieser löst nun einen Milchspendereflex aus. Außerdem richten sich dabei Ihre Brustwarzen und die Warzenhöfe auf, sodass Ihr Baby sie leichter erfassen kann.[26]

Nachdem das Neugeborene die Brust mit seinen Händen berührt hat, führt es diese häufig wieder zum Mund zurück und saugt daran. Damit beruhigt es sich, und gleichzeitig hilft es ihm, die Brust selbst zu finden.

Die Natur hat Sie und Ihr Baby also optimal für einen reibungslosen Stillbeginn ausgestattet. Es liegt weder die ganze Verantwortung bei Ihnen, noch müssen Sie genau wissen, was jetzt zu tun ist. Ihr Baby »weiß« es. Sie brauchen ihm nur zu folgen und Ihrer Intuition zu vertrauen. Wenn Sie dabei den Impuls verspüren, Ihrem Baby zu helfen Ihre Brust zu finden, können Sie dies tun, indem Sie es zum Beispiel etwas mehr in die Nähe Ihrer Brustwarze schieben oder ihm die Brust etwas mundgerechter anbieten, so wie ich es im Kapitel 5 beschreibe. Falls Sie sich dennoch sehr unsicher fühlen, bitten Sie die Hebamme, Sie beide bei diesem ersten Stillen zu unterstützen.

Hat Ihr Baby die Brust dann gut erfasst und beginnt daran zu saugen, sollte dies auch beim ersten Stillen nicht mit heftigen Schmerzen in der Brustwarze einhergehen. Schmerzen sind immer ein Signal dafür, etwas zu verändern und müssen von Anfang an ernst genommen werden. Mehr dazu erfahren Sie ebenfalls in Kapitel 5.

Der Oxytocinanstieg, den das Saugen des Babys an Ihrer Brust auslöst, verursacht außerdem erneute Kontraktionen Ihrer Gebärmutter. Dies fördert Ihren Wochenfluss und unterstützt die Ute-

Das erste Stillen – ein besonderer Moment

rusrückbildung, was wiederum Ihren Blutverlust nach der Geburt reduziert. Diese wichtigen Nachwehen, die sich ähnlich wie Menstruationsbeschwerden anfühlen, treten in der ersten Woche beim Stillen auf. Nach der ersten Geburt sind sie meist kaum spürbar. Bei einer Mehrgebärenden oder nach einem Kaiserschnitt können sie aber bereits beim ersten Stillen deutlich spürbar bis schmerzhaft sein.

Die Umstellung der Milchbildung

Nach der Geburt der Plazenta sinkt die Konzentration der Schwangerschaftshormone Progesteron und Östrogen in Ihrem Blutkreislauf rasch ab, die bis dahin die Bildung größerer Milchmengen gehemmt haben. Das humane Plazentalaktogen (HPL) gibt nun die Rezeptoren für das Milchbildungshormon Prolaktin in den milchbildenden Zellen der Brustdrüsen frei.

Prolaktin kann jetzt als passender »Schlüssel« diese Rezeptoren besetzen und – zusammen mit dem stoffwechselanregenden Stresshormon Cortisol, dem Schilddrüsenhormon Thyroxin und dem von der Bauchspeicheldrüse produzierten Insulin – seine Wirkung voll entfalten.

Die Prolaktinrezeptoren vermehren sich auch in den ersten Tagen und Wochen nach der Geburt noch durch häufiges Saugen und gutes Entleeren der Brüste. Je mehr Milch in dieser Zeit herausgeholt wird, desto mehr Milch kann später trotz des normalen Absinkens des Prolaktinspiegels gebildet werden.

In den ersten zwei Tagen fühlen sich Ihre Brüste meist noch weich an. Sie beginnen aber schon etwa 30 bis 40 Stunden nach der Geburt, sich auf die Bildung von reifer Muttermilch in größeren Mengen umzustellen. Dazu verdoppelt sich zunächst die Durchblutung der Brüste. Sie werden fester, fühlen sich wärmer an, und die oberflächlichen Venen sind deutlich sichtbar.

Etwa um den dritten bis vierten Tag nach der Geburt können Sie nun Ihr Baby an der Brust schlucken hören. Auch an seinem heller werdenden Stuhlgang und den zunehmenden Urinmengen erkennen Sie, dass es jetzt größere Mengen Ihrer Übergangsmilch bekommt.

Bei einigen Müttern kommt es dabei zu sehr unangenehmen Spannungsgefühlen und Schwellungen der Brüste. Dies geschieht vor allem dann, wenn die Brüste in den ersten Tagen nicht häufig genug und ausreichend geleert worden sind. Werden die Brüste aber von Anfang an häufig und gut geleert, bleibt die starke Spannung meistens aus und die Brüste verändern sich während der Umstellung der Milchbildung eher allmählich.

Legen Sie daher bereits ab der Geburt häufig – das heißt: zehn- bis zwölfmal in 24 Stunden – an oder, falls das nicht möglich ist, entleeren Sie stattdessen Ihre Brüste vorsichtig von Hand.

Häufiges Anlegen (oder von Hand entleeren) ist wichtig, um das gute Anlegen mit einer noch weichen Brust zu üben, die Bildung der Prolaktinrezeptoren zu stimulieren, einer verstärkten Brustschwellung vorzubeugen und Ihr Baby ausreichend mit dem wichtigen Kolostrum zu versorgen.

Achtung Mythos

Die Umstellung der Milchbildung wird meist auch als »Milcheinschuss« bezeichnet. Dieser Ausdruck ist etwas irreführend. Denn die Spannung und Schwellung der Brüste resultieren nicht nur aus der zunehmenden Milchmenge, sondern zunächst vor allem aus der vermehrten Durchblutung, gestauter Lymphflüssigkeit und Wassereinlagerungen. Fachleute sprechen daher von der »initialen Brustdrüsenschwellung«.

Die ersten Tage

In den ersten Wochen und Monaten ist der mütterliche Körper das natürliche Habitat (Biologie: artspezifischer Lebensraum) eines Neugeborenen. Denn unsere Babys gehören zum Jungentypus der aktiven Traglinge. Traglinge sind Säugetierjunge, die nach der Geburt erwarten, am Körper eines Elterntieres getragen zu werden. Zu diesem Jungentypus gehören zum Beispiel alle Beuteltiere, Fledermäuse, Koalas, Affen und Menschen.

Auf Ihrem Körper, und ganz besonders im Hautkontakt mit Ihnen, fühlt sich Ihr Baby daher sicher und geborgen – sprich: »zu Hause«. Seine Körperfunktionen sind besser und seine angeborenen Suchreflexe werden häufiger und stärker ausgelöst, sodass es öfter an die Brust möchte.

Verbringen Sie also so viel Zeit wie möglich mit Ihrem Baby auf Ihrem Körper und machen Sie sich keine Gedanken darüber, dass Sie es so vielleicht verwöhnen könnten. Kontinuierlicher Körperkontakt ist ein Grundbedürfnis aller kleinen Traglinge. Dieses Grundbedürfnis Ihres Babys zu erfüllen, ist daher kein Verwöhnen, sondern unterstützt die Entwicklung seines Urvertrauens. Es hilft Ihnen, Ihr Baby besser verstehen zu lernen und entspricht überdies auch genau Ihrem intuitiven Bedürfnis als Mutter.

Auf dem Körper der Mutter fühlen sich kleine Traglinge sicher und geborgen

Nutzen Sie in den ersten Tagen jede Gelegenheit, Ihr Baby schon bei den kleinsten Anzeichen für Hunger oder Unzufriedenheit an Ihre Brust zu legen. Und sorgen Sie sich nicht, dass Ihr Baby in den ersten Lebenstagen jeweils nur kleine Mengen Kolostrum bekommt. Die vorhandenen Mengen entsprechen genau dem erst langsam steigenden Fassungsvermögen seines kleinen Magens.

In den ersten drei bis vier Tagen ist eine Abnahme von fünf bis sieben Prozent des Geburtsgewichts bei Neugeborenen

Normale Ausscheidungen von Neugeborenen

Tag 1: mindestens einmal ein etwa 2-Euro-Stück-großer, schwarzer Stuhlgang; mindestens eine »feuchte« Windel

Tag 2: mindestens zweimal ein 2-Euro-Stück-großer, schwarzer Stuhlgang; mindestens zwei »feuchte« Windeln

Tag 3: mindestens dreimal ein 2-Euro-Stück-großer, schwarzer oder schwarz-grüner Stuhlgang; mindestens drei »feuchte« Windeln

Tag 4: mindestens drei- bis viermal ein 2-Euro-Stück-großer, grünlicher oder gelblicher Stuhlgang; mindestens vier »feuchte« Windeln

Zusätzlich können kleinere Stuhlgangmengen auftreten; diese sollten jedoch nicht mitgezählt werden.

normal, weil sie in dieser Zeit ihren ersten Stuhlgang und ihre vorgeburtliche Flüssigkeitsreserve ausscheiden, ohne gleichzeitig größere Milchmengen zu trinken.

Wenn ein Neugeborenes in den ersten Tagen mehr als sieben Prozent seines Geburtsgewichts abnimmt oder nach dem vierten Tag weiter an Gewicht verliert, muss die Ursache geklärt werden. Dazu sollte die Stillsituation gründlich überprüft und gegebenenfalls notwendige Änderungen durchgeführt werden. Schwierigkeiten zum Beginn der Stillzeit werden häufig durch Störungen des natürlichen Geburtsablaufs verursacht.

4 Startschwierigkeiten überwinden

Die meisten Schwierigkeiten beim Stillen treten in den ersten Tagen und Wochen nach der Geburt auf. Dies liegt vor allem daran, dass medizinische Eingriffe in den natürlichen Geburtsverlauf heute in Kliniken an der Tagesordnung sind.[27] Geburtseinleitungen, schmerzlindernde Medikamente, Infusionen, operative Entbindungen und Trennungen unmittelbar nach der Geburt stören die hormonellen Abläufe und das instinktive Verhalten des Neugeborenen und der Mutter, was jedoch allgemein nur wenig bekannt ist.

Meist folgen auf den ersten Eingriff außerdem weitere Interventionen, etwa um Nebenwirkungen der ersten Maßnahme zu überwachen, zu verhindern oder auszugleichen. So entwickelt sich oft eine Interventionskaskade, in der sich die negativen Auswirkungen auf das Neugeborene und die Mutter wie bei einem »Schneeballeffekt« immer weiter verstärken und zu einer regelrechten »Lawine« werden können.

Selbstverständlich lassen sich geburtshilfliche Interventionen nicht immer vermeiden. Manchmal sind sie einfach medizinisch notwendig und sogar lebensrettend. Dann ist es gut, dass sie heute möglich sind. Auch kommt es danach nicht in jedem Fall zu Problemen beim Stillen.

Wenn Sie sich ohne einen medizinischen Grund für einen Eingriff in den natürlichen Geburtsverlauf entscheiden, sollten Sie immer auch das Risiko von anschließenden Stillproblemen im Blick haben und dieses gegenüber dem erhofften Nutzen abwägen.

Bei unumgänglichen Eingriffen ist es für Sie wichtig zu wissen, dass in der ersten Zeit zusätzliche Anstrengungen von Ihrer Seite notwendig sein können, bis sich das Stillen und Ihre Milchproduktion eingespielt haben. Nehmen Sie in dieser Zeit so viel professionelle Hilfe wie möglich von Stillfachleuten in Anspruch, damit Sie Ihre langfristigen Ziele trotz der erschwerten Startbedingungen erreichen. Auch zu Hause benötigen Sie in dieser Phase tatkräftige Unterstützung im Haushalt durch Ihren Partner, Angehörige oder Freunde.

Verzögerter Stillbeginn

Manche Neugeborene zeigen zunächst das angeborene, auf Reflexen basierende Suchverhalten nicht. Dies kann verschiedene Ursachen haben wie zum Beispiel eine lange und anstrengende Geburt, verspäteter oder unterbrochener Haut-Haut-Kontakt mit der Mutter, Geburtseinleitung mit synthetischem Oxytocin, mütterliche Medikamente während der Geburt, Periduralanästhesie (PDA), Narkose, Kaiserschnitt oder auch eine Infektion des Babys.

Ein verspäteter Stillbeginn kann dazu führen, dass das Neugeborene in den ersten Lebenstagen an Unterzuckerung (Hypoglykämie) leidet, zu viel Gewicht verliert, sein Mekonium verspätet ausscheidet und eine Neugeborenengelbsucht (Ikterus) entwickelt. Dadurch wird es wahrscheinlicher, dass künstliche Säuglingsnahrung zugefüttert werden muss.

Meist ist es eine Frage der Zeit, bis die ursächliche Auswirkung nachlässt. Geben Sie sich und Ihrem Baby so bald wie möglich die Chance seine Reflexe auszulösen, indem Sie es kontinuierlich mit viel *Haut-Haut-Kontakt* auf Ihrem Oberkörper liegen lassen.

Beim entspannten Kuscheln wird Oxytocin ausgeschüttet, das Ihnen beiden hilft, Stress abzubauen und sich kennen und lieben zu lernen. Es erleichtert auch einen verspäteten Stillbeginn, denn die angeborenen Suchreflexe Ihres Babys können sogar noch nach vielen Wochen ausgelöst werden. Auch das Anziehen und anschließende Strecken der Beine bei Berührung der Füße gehört zu diesen Reflexen; denn in der Bauchlage auf dem mütterlichen Körper ermöglichen sie dem Baby, sich aktiv vorwärts zur Brust zu schieben.[28]

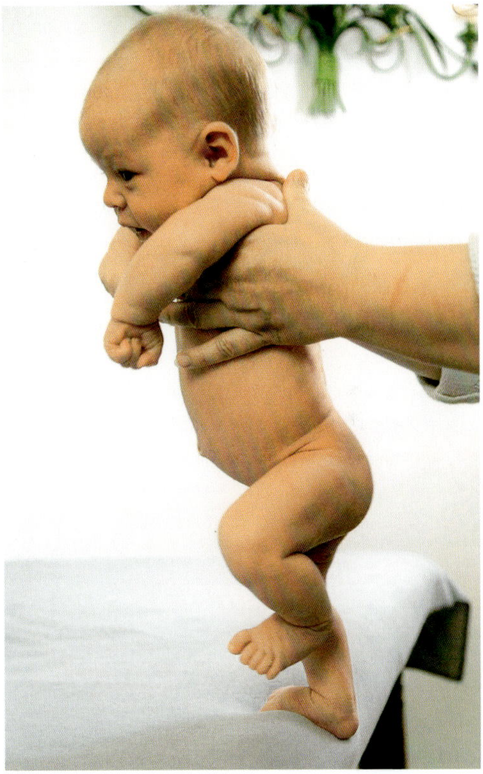

Der »Schreitreflex« zur Bewegung hin zur Brust ist wochenlang auslösbar

Verfolgen Sie zwei Ziele, bis das Anlegen funktioniert: Sorgen Sie erstens dafür, dass Ihr Baby so viel Kolostrum oder Muttermilch von Ihnen bekommt wie möglich. Bauen Sie zweitens eine gute Milchproduktion auf.

Drücken Sie nach der Geburt bereits gegen Ende der ersten Stunde das Kolostrum aus Ihren Brüsten ab. Es ist jetzt eine größere Menge darin vorhanden als bei späteren Mahlzeiten. Lassen Sie sich das Handentleeren der Milch aus den Brüsten zeigen.[29] Nehmen Sie das Kolostrum mit einer kleinen Spritze von der Brustwarze auf. Und füttern Sie Ihr Baby anschließend direkt damit. Normalerweise würde es sich diese große Portion sonst selbst holen.

Fahren Sie nach etwa sechs Stunden damit fort, alle zwei bis drei Stunden Ihr Kolostrum von Hand abzudrücken.

Füttern Sie Ihr Neugeborenes im gleichen Rhythmus mit diesen kleinen Mengen aus einer Spritze, Pipette, Löffel oder einem Becher.

Häufiges Entleeren Ihrer Brüste ist der Schlüssel für eine gute Milchbildung und Ihr Neugeborenes braucht jetzt viele kleine Mahlzeiten.

Am zweiten Tag beginnen Ihre Brustdrüsen damit, sich auf die künftige Milchmenge einzustellen. Entleeren Sie die Brüste weiter *acht- bis zehnmal in 24 Stunden* von Hand oder mit einer elektrischen Klinikpumpe, je nachdem, was Ihnen angenehmer ist und besser funktioniert. Massieren Sie Ihre Brüste dabei sanft. Wenn Sie eine Pumpe benutzen, drücken Sie anschließend die verbliebene Milch von Hand ab. Erwarten Sie auch beim Abpumpen zu diesem Zeitpunkt noch keine großen Mengen. Wichtiger ist es, Ihre Brüste anzuregen, indem sie immer wieder gut geleert werden.

Jeder Tropfen Ihrer »Immunmilch« ist wertvoll für Ihr Kind! Füttern Sie Ihr Neugeborenes mit Ihrem Kolostrum. Versuchen Sie, Ihr Baby sanft zu wecken oder im Halbschlaf zu füttern, auch wenn Ihnen dies intuitiv nicht richtig erscheint. Seine Schläfrigkeit kann durch Ihre Medikamente bei der Geburt

Brustmassage zur Anregung der Oxytocinausschüttung[30]

Legen Sie Ihre warmen Hände gegenüberliegend mit der gesamten Handfläche auf beide Seiten einer Brust.

- Massieren Sie mit leichtem Druck und kreisenden Bewegungen ca. 10–15 Sekunden lang sanft das Brustdrüsengewebe, ohne auf der Haut zu rutschen.
- Legen Sie Ihre Hände von oben und unten flach auf Ihre Brust und massieren Sie diese erneut 10–15 Sekunden sanft mit leichtem, kreisenden Druck.
- Streicheln Sie anschließend für einige Sekunden schmetterlingszart mit Ihren Fingern über die gesamte Brust sternförmig vom Brustansatz bis über die Brustwarze hinweg.
- Wenn möglich, beugen Sie sich anschließend nach vorne, umfassen Sie Ihre Brust mit beiden Händen und schütteln Sie sie sanft für einige Sekunden.
- Diese Massage dauert insgesamt ca. 30–40 Sekunden und kann vor jedem Abdrücken, Abpumpen oder Anlegen durchgeführt werden.

Die »Steigbewegung« gehört zu den angeborenen Reflexen zum Finden der Brust

oder eine späte Frühgeburt (Schwangerschaftswoche 34 + 0 bis 36 + 6) bedingt sein. Es braucht jetzt trotzdem Nahrung. Beginnen Sie spätestens nach 48 Stunden Ihre Brüste acht- bis zehnmal oder öfter in 24 Stunden *mit einer elektrischen Klinikpumpe mit Doppelpumpset* abzupumpen und dabei gleichzeitig zu massieren. Drücken Sie anschließend noch die verbliebene Milch von Hand ab. Sie wissen ja, die Nachfrage reguliert das Angebot.

Kuscheln Sie während dieser ganzen Zeit weiter ausgiebig im Haut-Haut-Kontakt mit Ihrem Neugeborenen. Früher oder später werden dabei seine angeborenen Suchreflexe ausgelöst. Helfen Sie ihm, Ihre Brust zu finden, wenn Sie den Eindruck haben, dass es danach sucht.

Schmerzende oder wunde Brustwarzen

Wunde Brustwarzen und stechende Schmerzen beim Stillen in den ersten Tagen werden fast immer durch suboptimales Anlegen und suboptimale Stillpositionen verursacht, wenn die *Brust-*

warze nicht tief genug im Mund liegt. Auch Gefäßkrämpfe in den Mamillen (Vasospasmen) werden häufiger durch ungünstige Belastung der Brustwarzen ausgelöst als durch einen Magnesiummangel oder ein Raynaud-Syndrom (Durchblutungsstörung). Dies ist besonders dann der Fall, wenn die Brustwarzen nach dem Lösen des Babys von der Brust verformt aus dem Mund kommen. Eine »Saugverwirrung« – falsches Saugen an der Brust – ist meist nur dann die Ursache für Schmerzen, wenn das Neugeborene als erstes mit künstlichen Flaschensaugern gefüttert oder mit Stillhütchen angelegt wurde.

Seltener ist ein verkürztes Zungenbändchen des Neugeborenen oder eine andere Besonderheit im Mundraum oder eine ungewöhnliche Form der Brustwarzen die Ursache.

Salben, Tinkturen, Stillhütchen und diverse andere Mittelchen bringen daher meist keine schnelle Besserung, da sie lediglich die Symptome, nicht aber die Ursache behandeln. Erste und wichtigste Maßnahme bei wunden Brustwarzen sollte daher immer eine Optimierung des Anlegens und der Stillposition sein. Mehr dazu erfahren Sie in Kapitel 5.

Sollte eine Verbesserung des Anlegens keine Linderung bringen, empfehle ich Ihnen, schnellstmöglich eine Stillberatung in Anspruch zu nehmen, anstatt immer wieder verschiedenste Mittel auszuprobieren, bis Ihre Motivation zum Stillen auf dem Nullpunkt angekommen ist.

Auch Schmerzmittel sind aus meiner Sicht keine gute Option, da sie ebenfalls nicht die Ursachen behandeln, sondern den Schmerz nur unterdrücken, der Sie eigentlich warnen will.

Damit sich die Wunden nicht infizieren, ist es wichtig, sich regelmäßig die Hände zu waschen. Auch Ihre Brüste und die wunden Brustwarzen sollten Sie mindestens ein- bis zweimal täglich mit warmem Wasser und einer pH-neutralen Seife waschen, damit sich kein gefährlicher Biofilm bildet, in dem sich Krankheitserreger vermehren können. Anschließend können die Brustwarzen noch mit Kochsalzlösung (0,9 %) gespült werden. Die Kochsalzlösung können Sie selbst herstellen, indem Sie einen gestrichenen Teelöffel Kochsalz (4 g) in 500 ml warmem Wasser auflösen.

Mit einem Brustwarzenschutz im BH können Sie wunde Brustwarzen durch eine sogenannte Hohllagerung vor Druck und Berührungen schützen. Ein Brustwarzenschutz lässt sich aus einer kleinen elastischen Mullbinde (4 m x 6 cm) auch schnell selbst herstellen.

Ob Sie Ihre Brustwarzen noch zusätzlich mit einer Salbe oder Ähnlichem behandeln, bleibt Ihnen überlassen. Wenn es Ihnen angenehm ist, können Sie nehmen, was Sie wollen. Ist die Ursache ge-

Einen Brustwarzenschutz selbst herstellen

- Wickeln Sie etwa 1/2 bis 2/3 der Mullbinde mit einer Hand locker um die aneinandergelegten Finger Ihrer anderen Hand.
- Dann nehmen Sie die Binde von den Fingern und falten oder rollen sie zu einem festen Ring.
- Umwickeln Sie diesen Ring spiralförmig mit dem Rest der Binde, indem Sie diesen mehrmals durch den Ring ziehen.
- Das Ende der Binde können Sie in die Spirale stecken oder mit einem Pflaster festkleben, um es zu fixieren.
- Setzen Sie den Brustwarzenschutz so auf Ihre Brust, dass die Brustwarze in der Mitte des Rings frei liegt und schließen Sie darüber Ihren BH.

löst, heilen die Wunden aber auch ohne weitere Behandlung. Anders formuliert: Keines der oft empfohlenen Mittel ist wirklich effektiv, solange die Ursache nicht gelöst ist. Das zeigt sich schon allein daran, dass es so viele verschiedene Tipps und Medikamente gibt.

Verspäteter Milcheinschuss

Bei einem verspäteten Milcheinschuss beginnt die Umstellung der Milchproduktion erst später als 72 Stunden nach der Geburt. Daraus folgt oft eine starke Gewichtsabnahme oder verzögerte Gewichtszunahme des Neugeborenen mit ähnlichen Konsequenzen wie beim verzögerten Stillbeginn.

Die Verspätung kann viele unterschiedliche Ursachen haben, die sich gegenseitig verstärken können. Einige Faktoren gehen vom mütterlichen Körper aus, wie etwa höheres Alter, erstes Kind, Übergewicht, Rauchen, reduziertes Drüsengewebe, Brustoperationen, Diabetes, Bluthochdruck, Schilddrüsenunterfunktion, polyzystisches Ovarialsyndrom (PCOS) und HELLP-Syndrom[31].

Andere Faktoren werden durch die Geburt bedingt, so zum Beispiel: Schmerzmittel, Infusionen, lange und anstrengende Eröffnungsphase, verlängerte Austreibungsphase, Kaiserschnitt, Frühgeburt, starker Blutverlust und in der Gebärmutter verbliebene Plazentareste. Zur Geburtseinleitung verabreichtes künstliches Oxytocin reduziert die körpereigenen Oxytocinschübe bei und nach der Geburt. Bei einer langen Geburtsdauer steigt auch das Stresshormon Adrenalin im mütterlichen Blut stark an, was die Oxytocinausschüttung zusätzlich senkt.[32] Künstlich erzeugte Wehen sind auch meist stärker, halten länger an und kommen in kürzeren Abständen als natürliche Wehen. Dies führt dazu, dass die Geburt für Mutter und Kind anstrengender ist. Die Mutter benötigt daher öfter schmerzlindernde Medikamente und zusätzliche Infusionen. Da künstliches Oxytocin auch antidiuretisch wirkt, also die Ausscheidung über die Nieren reduziert, entstehen weitere Probleme durch Wassereinlagerungen im Gewebe (Ödeme).

Weitere Faktoren für einen verspäteten Milcheinschuss hängen mit dem Stillmanagement nach der Geburt oder mit dem Baby zusammen: Trennung von Mutter und Kind, verzögerter Stillbeginn, zu seltene oder unzureichende Entleerung der Brüste, Saugschwäche, ineffektives Saugen, übermäßiger Schnullereinsatz und überflüssige Zufütterung von Säuglingsnahrung.

Da sich viele dieser Faktoren im Nachhinein nicht mehr ändern lassen, kommt es vor allem auf ein sehr gutes Stillmanagement nach der Geburt an.

Beim verspäteten Milcheinschuss ist das Vorgehen das gleiche wie beim verzögerten Stillbeginn: Halten Sie Ihr Baby kontinuierlich im Haut-Haut-Kontakt, um Ihre Oxytocinausschüttung anzuregen, und lassen Sie es häufig an Ihren Brüsten saugen.

Allerdings ist es öfter notwendig, dem Neugeborenen bereits nach den ersten Tagen zusätzlich gespendete Muttermilch oder künstliche Säuglingsnahrung in kleinen Portionen zu füttern, weil die Produktion größerer Milchmengen auf sich warten lässt. Füttern Sie möglichst direkt an der Brust mit einer Nahrungssonde oder einem Brusternährungsset zu. Dabei erhält das Baby beim Saugen zusätzliche Nahrung über einen dünnen Schlauch, der mit einem Pflaster auf der Brust befestigt und mit einem Behälter mit Nahrung verbunden ist. Weitere stillfreundliche Hilfsmittel zum Zufüttern sind Becher, Löffel, Medikamentenschiffchen, Pipette, Spritze oder »Softcup«.[33] Lassen Sie sich in die richtige Anwendung des jeweiligen Hilfsmittels von einer Fachkraft einweisen. Das Füttern mit einer Säuglingsflasche und einem Flaschensauger ist zwar zunächst einfacher, kann aber dazu führen, dass Ihr Baby sich ein für die Brust ungünstiges Saugverhalten angewöhnt und daraufhin die Brust ablehnt. Füttern Sie nur kleine Mengen zu, damit Ihre Brüste weiter häufig entleert werden und der kleine Magen Ihres Neugeborenen nicht überlastet wird.

Beenden oder reduzieren Sie die Zufütterung, wenn Sie den Milcheinschuss haben und Ihre eigene Milchmenge ansteigt.

Starke Gewichtsabnahme des Neugeborenen

Nimmt das Neugeborene mehr als 7–10 Prozent seines Geburtsgewichts ab, ist dies oft eine Folge eines verzögerten

Stillbeginns, zu seltenen Anlegens oder eines verspäteten Milcheinschusses. Ist es zudem nicht gut angelegt, kann es die Brüste nicht effektiv leeren.

Starke Schläfrigkeit und Saugschwäche des Neugeborenen können durch mütterliche Medikamente während der Geburt, Infektion, verstärkte Neugeborenengelbsucht, späte Frühgeburt (Schwangerschaftswoche 34 + 0 bis 36 + 6) oder auch einen angeborenen Herzfehler des Neugeborenen bedingt sein.

Mütterliche Infusionen während der Geburt können darüber hinaus das Geburtsgewicht des Neugeborenen verfälscht haben, da sich dabei auch in seinem Körper Flüssigkeit einlagert. In den ersten Lebenstagen scheidet es diese überschüssige Flüssigkeit dann vermehrt aus, was mitunter für eine zu hohe Gewichtsabnahme durch unzureichende Nahrungszufuhr gehalten wird, obwohl es genug Kolostrum erhält.

Hier gilt es, die Ursachen der starken Gewichtsabnahme frühzeitig zu erkennen und wenn möglich zu beheben, am besten mithilfe einer Stillberatung durch eine Hebamme oder eine Stillberaterin. Parallel dazu müssen Sie sich darum bemühen, Ihre Milchbildung gut anzuregen und gleichzeitig dafür sorgen, dass Ihr Neugeborenes mehr Nahrung erhält und normal an Gewicht zunimmt. Künstliche Säuglingsnahrung sollte nur dann vorübergehend in kleinen Mengen möglichst an der Brust zugefüttert werden, wenn tatsächlich nicht genügend Kolostrum oder Übergangsmilch vorhanden ist.

Versuchen Sie die Zufütterung zu reduzieren, wenn Ihr Baby normal zunimmt, indem Sie nur noch kleinere Mengen, nur noch bei jeder zweiten oder dritten Mahlzeit oder nur noch bei Bedarf zufüttern.

Verstärkter Milcheinschuss

Ein verstärkter Milcheinschuss mit stark geschwollenen, heißen Brüsten entsteht oft durch einen verzögerten Stillbeginn und zu seltene und unzureichende Brustentleerungen.

Intravenöse Infusionen, die bei einer langen, anstrengenden Geburt, einer PDA oder einem Kaiserschnitt routinemäßig verabreicht werden, können ebenfalls dazu beitragen. Laufen die Infusionen über mehrere Stunden, kann dies zu einer Flüssigkeitsaufnahme von mehreren Litern führen. Die Folge sind Wassereinlagerungen (Ödeme) im ganzen Körper, deutlich sichtbar am geschwollenen Gesicht sowie an dicken Händen und Füßen, auf denen nach Druckeinwirkung Dellen sichtbar bleiben. Weniger offensichtlich, dafür aber oft sehr schmerzhaft, sind die Ödeme der Brüste und der Warzenhöfe, die das Anlegen deutlich erschweren.

Hat das Neugeborene die geschwollene Brust nicht gut erfasst, werden die Brustwarzen meist sehr schnell wund. Außerdem erhält es zu wenig Kolostrum, wird davon schläfrig und regt die Milchbildung nicht ausreichend an. Häufig erfolgt auch der Milcheinschuss erst verspätet nach dem Ausscheiden der Ödeme.[34]

Zur Linderung der Beschwerden können Kühlkissen, Kohlblätter oder Quark auf die Brüste gelegt werden. Liegen Sie in dieser Zeit bevorzugt flach auf dem Rücken, sodass Ihre Brüste den höchsten Punkt Ihres Körpers bilden. Qualifizierte Fachpersonen können Ihre Brüste auch durch eine sanfte Tiefdruckmassage entlasten. **Eine Massage der Brüste darf niemals mit Schmerzen verbunden sein.**

Das Anlegen können Sie erleichtern, indem Sie den Warzenhof jeweils kurz vorher von Ödemen befreien und so die Brust für den Babymund besser greifbar machen.

Wenn Sie das Stillen nicht intuitiv beginnen können, sondern nach einer schwierigen Geburt auch noch einen schwierigen Stillstart bewältigen müssen, kann das sehr enttäuschend und belastend sein.

Aber die Probleme beim Stillstart sind meistens überwindbar. Geben Sie sich und Ihrem Baby die Zeit, die Sie brauchen, und holen Sie sich frühzeitig die Hilfe, die Sie benötigen. Es lohnt sich für Sie beide. Nachdem die schwierige Anfangszeit überstanden ist, können Sie eine entspannte und glückliche Stillbeziehung mit Ihrem Baby noch lange genießen.

Machen Sie die Brust besser greifbar

- Setzen Sie die Fingerkuppen einer Hand nah an der Brustwarze ringförmig auf den Warzenhof und drücken Sie sanft mindestens 60 Sekunden lang in Richtung Brustkorb.
- Versetzen Sie die Fingerkuppen um circa 1 cm und drücken Sie wieder 60 Sekunden lang, sodass auf dem Warzenhof nebeneinander mehrere »Eindellungen« an der Brustwarzenbasis entstehen.
- Zusätzlich oder alternativ können Sie auch beide Daumen oder Zeigefinger parallel flach einmal waagerecht neben der Brustwarze 60 Sekunden lang auf den Warzenhof drücken und anschließend noch einmal senkrecht drücken.
- Legen Sie direkt anschließend Ihr Baby an, da sich die Ödeme nach kurzer Zeit wieder bilden.[35]

5
Ihr Baby gut anlegen

Wie die meisten Mütter heute sind Sie wahrscheinlich nicht in einem Umfeld aufgewachsen, in dem Sie stillende Mütter beobachten konnten. Sie haben daher nicht schon als Kind ganz beiläufig und spielerisch gelernt, wie ein Baby angelegt wird. Daher können Sie nun beim Anlegen (noch) nicht auf Ihr intuitives Körperwissen zurückgreifen, sondern entwickeln es erst mit Ihrem Baby. Zusätzlich wird das intuitive Stillen heute von diversen Faktoren erschwert. Diese sind vor allem die weit verbreitete Erwartung von Schmerzen beim Stillbeginn, die frühzeitige Anleitung zum Anlegen in aufrechten Stillpositionen sowie die hohe Zahl der geburtshilflichen Eingriffe, die die angeborenen Reflexe des Neugeborenen beeinträchtigen können.

Ich werde Ihnen daher in diesem Kapitel die Grundlagen des guten Anlegens ausführlich erläutern, damit Sie von Beginn an so einfach und angenehm stillen können, wie es von der Natur vorgesehen ist.

Gutes Anlegen

Gutes Anlegen ist die Basis Ihres Stillerfolgs. Wenn Sie eine gute Stillposition eingenommen haben und Ihr Baby gut angelegt ist, können Sie sich beim Stillen entspannen und Ihr Baby kann Ihre Brüste gut entleeren, ohne Ihre Brustwarzen zu belasten. Die gute Entleerung regt Ihre Milchproduktion an und sorgt dafür, dass Ihr Baby satt wird.

Machen Sie sich aber nicht allzu viele Gedanken über *die* richtige Stillposition und *die* richtige Anlegetechnik. Die gibt es nämlich nicht.

Sie können praktisch in jeder Position stillen und Ihr Baby auf sehr viele unterschiedliche Weisen anlegen. Manche Stillpositionen und Anlegetechniken funktionieren für viele Stillpaare einfach nur besser als andere.

Entscheidend ist, ob es sich für Sie gut anfühlt und für Sie beide gut funktioniert.

Die drei Kennzeichen des guten Anlegens

1. Ihre Position ist für Sie bequem und nicht anstrengend. Sie können während des Stillens entspannen.
2. Ihr Baby hat eine stabile und bequeme Position. Es fühlt sich wohl und hat engen Körperkontakt zu Ihnen.
3. Ihr Baby hat die Brust gut mit seinem Mund erfasst und kann effektiv trinken. Ihre Brustwarze, auch Mamille genannt, ist schmerzfrei.

Egal, in welcher Position Sie stillen: Wichtig dabei ist, den Mund Ihres Babys zu etwa zwei Dritteln gut mit Ihrem Warzenhof *und* der Brustwarze zu füllen. Nur so liegt Ihre Mamillenspitze tief in seinem Mund. Das Baby kann die Brust dann gut mit seinen Kiefern und seiner Zunge komprimieren und erzeugt beim Saugen einen geringeren Unterdruck im Mund, sodass Ihre Brustwarzen beim Stillen nicht strapaziert werden.

Oft ist es am angenehmsten, wenn der Babymund etwas asymmetrisch gefüllt ist, indem mehr Brustgewebe mit dem Unterkiefer erfasst wird als mit dem Oberkiefer. Die Mamille zeigt dabei nicht geradeaus in die Mitte seines hinteren Mundraums, sondern etwas mehr nach oben in Richtung Gaumen.

Ihre Brustwarze liegt dann genau in dem Bereich des Mundes, in dem der Saugreflex Ihres Babys ausgelöst wird. Dieser Bereich wird auch als die »Komfortzone« für die Mamille bezeichnet, weil sie dort nicht schmerzhaft am harten Gaumen gerieben und gequetscht wird.

1

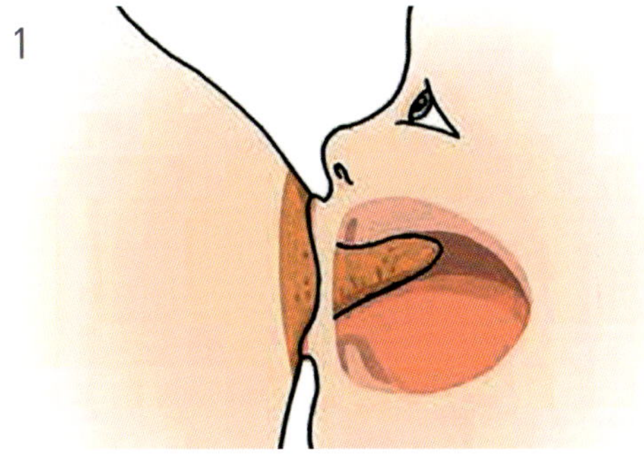

2

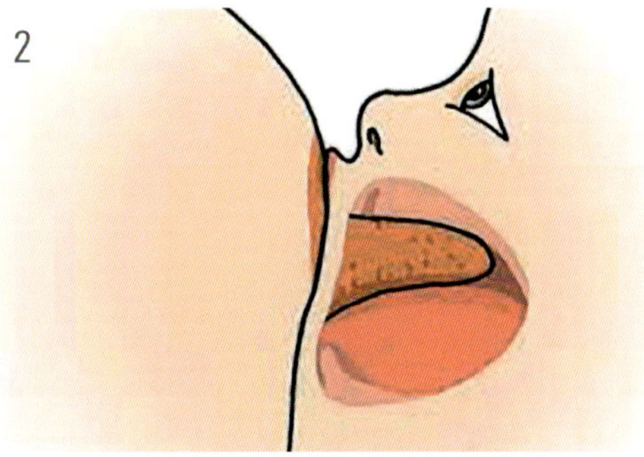

Oben: symmetrisch angelegtes Baby, Brustwarze nicht tief im Mund. Unten: asymmetrisch angelegtes Baby, Brustwarze in der »Komfortzone«

Erspüren Sie die »Komfortzone« in Ihrem Mund

Sie können diesen Bereich in Ihrem Mund selbst ertasten, wenn Sie Ihren eigenen Zeigefinger an Ihren Gaumen legen und langsam nach hinten schieben.

Im vorderen Mundbereich fühlen Sie nun den rauen, harten Gaumen mit querlaufenden Rillen, den sogenannten Gaumenstaffeln, die durch eine längsverlaufende Mittellinie – die Gaumennaht – verbunden sind.

Schieben Sie jetzt Ihren Finger vorsichtig noch etwas weiter nach hinten. Bald können Sie eine querlaufende Kante spüren, hinter der die Gaumenschleimhaut glatter und weicher wird.

Dieser Übergang vom harten zum weichen Gaumen im Mund des Babys ist die »Komfortzone«. Ungefähr dort sollte die Spitze Ihrer Mamille beim Stillen im Mund des Babys liegen.

Die drei Schritte zum guten Anlegen

Sie können das Stillen am besten miteinander lernen, wenn Sie beide in einer ruhigen und entspannten Verfassung sind. Bei Ihren ersten Versuchen brauchen Sie vielleicht etwas länger, um sich und Ihr Baby zum Stillen in eine gute Position zu bringen. Starten Sie daher schon, wenn Ihr Baby in einem ruhigen Wachzustand oder noch leicht schläfrig ist *und* nur leichte Hungerzeichen zeigt.

So gelingt Ihnen das gute Anlegen:

Schritt 1: Machen Sie es sich bequem

Nehmen Sie zuerst selbst eine entspannte Position ein. Lehnen Sie sich bequem zurück, etwa so, als würden Sie es sich zum Lesen auf dem Sofa gemütlich machen. Ihr Gewicht lastet dabei auf Ihrem Kreuzbein und nicht auf Ihren Sitzbeinen, wie es beim aufrechten Sitzen auf einem Stuhl normal wäre.

Unterstützen Sie Ihren gesamten Oberkörper, das heißt: Rücken, Schultern, Arme, Nacken und Ihren Kopf, gut mit verschiedenen Kissen oder Polstern.

Schritt 2: Machen Sie es Ihrem Baby bequem

Legen Sie sich Ihr Baby nun bäuchlings auf Ihren Bauch, sodass es von der Schwerkraft zu Ihnen hingezogen wird.

Sein Kopf liegt auf oder zwischen Ihren Brüsten. Seine Nase befindet sich etwas unterhalb oder auf gleicher Höhe wie Ihre Mamillen. So muss es den Kopf leicht in den Nacken nehmen, kann seinen Mund weit öffnen und mit seinem Unterkiefer mehr von Ihrer Brust erfassen.

Die Arme Ihres Babys liegen leicht angewinkelt zu beiden Seiten einer Ihrer Brüste, so als würde es die Brust umarmen. Dadurch kann es sich leichter zur Brust hin orientieren und beim Suchen mit den Armen abstützen, ohne dass seine Hände beim Anlegen in den Weg geraten.

Ihr Baby ist nun mit seiner gesamten Körpervorderseite eng an die Konturen Ihres Körpers geschmiegt, sodass Ihre Körper wie zwei Puzzleteilchen zusammenpassen.

Falls die Beine und Füße Ihres Babys Ihren Körper nicht berühren, sondern in der Luft hängen, legen Sie ein festes Kissen so unter seine Beine, dass es auch dort Kontakt hat.

Dann fühlt es sich stabil und sicher, die Berührung seiner gesamten Körpervorderseite löst seine Suchreflexe optimal aus, und es kann diese auch aktiv und zielführend einsetzen.

Schritt 3: Formen Sie Ihre Brust passend für den Babymund

Vielleicht brauchen Sie nun gar nichts weiter zu tun, sondern können einfach beobachten, wie Ihr Baby mit seinen Kopfbewegungen wie ein Scanner Ih-

Mit an Mamas Arm gelehntem Kopf kann das Baby entspannt trinken

ren Körper nach Ihrer Mamille absucht. Dabei nutzt es all seine Sinne und tastet auch mit den Händen nach der Brust und holt sich die Brust näher zum Mund.

Wenn Ihre Brust sehr groß und prall ist, können Sie Ihrem Baby auch etwas helfen. Nehmen Sie dazu Ihre Brust einige Zentimeter von Ihrer Brustwarze entfernt, parallel zu seinen Lippen zwischen zwei Finger oder zwischen Daumen und Zeigefinger. Drücken Sie nun die Brust etwas flach, sodass Ihr Baby leichter viel Brust zwischen seine Kiefer tief in den Mund nehmen kann.

Hat Ihr Baby Ihre Brust gut erfasst, fängt es an zu saugen. Nach einigen Sekunden setzt dann Ihr Milchspendereflex ein, und es beginnt hörbar zu schlucken. An seinen regelmäßigen, leisen »k«-Lauten beim Schlucken erkennen Sie, dass es nun effektiv trinkt.

Ziehen Sie nun noch Ihren Oberarm näher an Ihr Baby heran, damit es seinen etwas seitlich gelegten Kopf daran anlehnen kann, und schieben Sie sich ein bereitliegendes Kissen unter den Arm.

Fühlt es sich auch für Sie gut an, dann entspannen Sie sich jetzt noch einmal bewusst und genießen Sie das Stillen.

Das klingt einfach und angenehm – und das ist es auch. Falls Sie sich bei Ihren ersten Stillversuchen dennoch etwas unsicher fühlen, denken Sie daran, dass Stillen lernen so ist, wie einen Paartanz mit einem neuen Tanzpartner zu lernen. Auch wenn Sie sich vorher mit den Grundschritten vertraut gemacht haben, fühlen Sie sich bei den ersten gemeinsamen Tanzversuchen zunächst unsicher und unbeholfen. Sie treten sich gegenseitig auf die Füße oder drehen sich in verschiedene Richtungen.

Aber schon nach kurzer Zeit bekommen Sie immer mehr Übung und Gefühl füreinander und finden Ihren gemeinsamen Stil und Rhythmus. Nach wenigen Wochen wissen Ihre beiden Körper, wie es für Sie passt. Sie sind ein eingespieltes Team geworden und schweben tanzend dahin.

Genauso ist es beim Stillen. Schon bald werden Sie mit Ihrem Baby herausgefunden haben, wie es für Sie beide gut ist. Und mit der Übung bekommen Sie Routine und Sicherheit. Ihre Körper haben sich, wie Tanzpartner, aufeinander eingestellt und »wissen« intuitiv, wie das Anlegen geht. Ihre Bewegungen sitzen perfekt, ohne dass Sie darüber nachdenken oder sich an Regeln erinnern müssen.

Aufrechte Stillpositionen erschweren das Anlegen

Viele Mütter haben heutzutage in den ersten Tagen oder sogar Wochen der Stillzeit Probleme beim Anlegen ihres Babys. Das liegt vor allem daran, dass meist zu früh begonnen wird, in aufrecht sitzenden Positionen oder in der Seitenlage zu stillen.[36] Denn in diesen Positionen ist es für unerfahrene Mütter schwieriger, ihr neugeborenes Baby alleine gut anzulegen.

Aufrechtes Sitzen auf den Sitzbeinen ist auf Dauer eine anstrengende Position. Sie müssen dabei fortwährend gegen die Schwerkraft ankämpfen, um sich aufrecht zu halten und hellwach bleiben. Zusätzlich müssen Sie Ihr Baby auf Brusthöhe halten, damit es die Brust auch erreicht. Es ist noch zu klein, um von Ihrem Schoß aus an die Brust heranzukommen.

Zudem müssen Sie verhindern, dass Ihr Baby von der Schwerkraft von Ihrer Brust weg nach unten gezogen wird. Außerdem muss oft auch noch die Brust gehalten werden, damit sie nicht von ihrem eigenen Gewicht aus dem Mund des Babys gezogen wird. Wenn dies geschieht, liegt Ihre Brustwarze nicht mehr in der Komfortzone, sondern schmerzt und kann sogar wund werden.

Auch das häufig verwendete Stillkissen kann das Stillen schwieriger machen.

Denn ein formbares, weiches Stillkissen braucht seitlichen Halt, zum Beispiel die Armlehnen eines Sessels, sonst rutscht es weg.

Ein zu niedriges Stillkissen führt häufig zu einer ungünstigen, nach vorn gebeugten Haltung beim Stillen. Dies kann auf Dauer zu Rückenschmerzen und Verspannungen im Schulter- und Nackenbereich führen und den Milchspendereflex behindern.

Liegt das Baby vor Ihren Brüsten, vielleicht noch auf einem Stillkissen, entsteht häufig ein zu großer Abstand zwischen Ihren Körpern. Dann reichen die Berührungen an der Körpervorderseite und am unteren Gesicht Ihres Babys nicht aus, um seine Suchreflexe auszulösen. Oder sie werden zwar ausgelöst, aber sein schwerer Kopf wird durch die Schwerkraft von Ihrer Brust weg- statt zu ihr hingezogen. Auch geraten seine Hände, Arme und Beine dann leichter in den Weg.

Körperkontakt von vorne gibt Ihrem Baby die notwendige Sicherheit und Stabilität. Ohne ausreichenden Kontakt fühlt es sich unsicher, wird unruhig und versucht durch Strampeln und Fuchteln mit den Armen Halt zu finden. Je länger diese instabile Situation andauert, desto hektischer werden die Bewegungen eines hungrigen Babys, bis es vor lauter Aufregung anfängt zu schreien und das Anlegen noch schwieriger wird.

Schmerzen beim Stillen ernst nehmen

Einer der Hauptgründe für vorzeitiges Abstillen ist die Annahme, dass die Brustwarzen sich an die ungewohnte Belastung des Stillens gewöhnen müssten. Schmerzende Brustwarzen in den ersten Tagen und Wochen sind heute in der Tat sehr verbreitet und werden daher – leider auch von Fachpersonen – als »normal« angesehen.

Mehr als eine leichte Empfindlichkeit der Brustwarzen in den ersten zwei bis drei Tagen, die nach maximal einer Woche wieder vorbei ist, sollten Sie jedoch nicht tolerieren. Stärkere Schmerzen und offene Wunden sind hingegen in keiner Weise als »normal« hinzunehmen.

Statt den Ursachen der Schmerzen auf den Grund zu gehen und sie schnell zu lösen, werden unzählige Salben und andere Heilmittel angeboten und von betroffenen Müttern hoffnungsvoll angewendet. Meist jedoch ohne Erfolg.

Also bleibt stillwilligen Müttern offenbar nur eine Möglichkeit: Zähne zusammenbeißen und durchhalten. Entweder lassen die Beschwerden dann nach einiger Zeit von selbst nach, was die »Gewöhnungs-Theorie« bestätigt. Oder die Mütter geben das Stillen nach mitunter wochenlangem Leiden verzweifelt und frustriert auf.

Schmerzen beim Stillen sind nicht normal. Wenn dies anders wäre, würde es heute nicht rund 5500 verschiedene Säugetierarten geben, zu deren Ordnung der Primaten (Herrentiere) auch wir Menschen gehören. Stattdessen hätten schon die ersten Säugetiere vor 225 Millionen Jahren nicht überlebt oder sich gar nicht erst entwickelt. Denn die Reflexe und der Instinkt jedes Muttertiers, sich vor Schmerzen zu schützen, hätten verhindert, dass die Jungen überhaupt an ihren Zitzen saugen.

Die Zusammensetzung der Muttermilch mit einem niedrigen Fettanteil und einem geringen Energiegehalt zeigt ebenfalls, dass häufige Stillmahlzeiten für den menschlichen Tragling[37] normal sind. Babys von Primaten und Naturvölkern, die als Jäger und Sammler umherziehen, werden daher meist mehrmals in der Stunde gestillt, was mit wiederkehrenden heftigen Schmerzen der Mutter wohl kaum vereinbar wäre.

Schmerzende Brustwarzen gehören also nicht zum Stillen dazu. Wenn die Schmerzen ignoriert oder nicht ernst genommen werden, werden die Mamillen meist in kurzer Zeit wund.

Darüber hinaus verursachen Schmerzen beim Stillen massiven Stress. Die dabei ausgeschütteten Stresshormone hemmen die Ausschüttung der für das Stillen notwendigen Hormone, wie Oxytocin, Prolaktin und Endorphine. Dies behindert nicht nur den Milchspendereflex, sondern kann auch die Mutter-Kind-Beziehung belasten und sogar zu Depressionen führen.[38]

Meist nimmt die Mutter aus Angst vor den Schmerzen beim Anlegen auch eine angespannte Schutz- und Schonhaltung ein und legt das Baby nur zögernd an die Brust, sodass es dabei wieder nicht genug Brust erfasst und sie zudem weniger effektiv entleeren kann. Schmerz löst außerdem eine unwillkürliche motorische Flucht- bzw. Reflexreaktion aus, die Brust wird zurückgezogen oder das Baby schnell wieder abgenommen.

Verständlicherweise versuchen auch viele Mütter aus Selbstschutz, Stillmahlzeiten zu vermeiden oder zu verkürzen, wodurch das Baby noch weniger Muttermilch erhält und auch die Milchproduktion zu wenig angeregt wird.

Frustration, Unsicherheit, Angst, Verzweiflung und Hoffnungslosigkeit nehmen immer mehr zu. Auch die Denkfähigkeit wird beeinträchtigt. Es kann zu Konzentrationsstörungen, Vergesslichkeit, Gedankenkreisen und ab einer gewissen Intensität zur völligen Fokussierung auf den Schmerz kommen.

Wen wundert es da, dass eine betroffene Mutter nach Alternativen sucht und sogar entgegen ihrem ursprünglichen Plan vorzeitig abstillt.

In 80 Prozent der Fälle werden Schmerzen beim Stillen durch ein suboptimales

Anlegen verursacht. Durch Veränderungen beim Anlegen hören die Schmerzen meist binnen kürzester Zeit auf.

Wenn Sie Schmerzen beim Stillen haben, nehmen Sie diese ernst und hören Sie auf Ihren Körper. Überprüfen Sie als Erstes das Anlegen Ihres Babys. *Schmerz ist immer ein Warnsignal.* Schmerz ist ein biologisches Sinnessystem, das das Überleben des Individuums sichern soll. Weil Schmerz für unser Überleben so wichtig ist, ist er die stärkste aller Empfindungen und kann nicht ignoriert werden. Denn Schmerz ist immer ein Warnsignal zu unserem Schutz gegen schädliche Einflüsse.

Schmerzfühler (Nozizeptoren), die das Schmerzsignal zum Rückenmark und zum Gehirn leiten, benötigen einen vergleichsweise starken Reiz, um erregt zu werden. Die Nozizeptoren gewöhnen sich zudem nicht an einen dauernden Schmerz, sondern werden immer empfindlicher und erregen sogenannte »schlafende« Schmerzrezeptoren in der unmittelbaren Umgebung. Somit verstärken sie den Schmerzreiz und es kommt an der Schmerzstelle zu einer Entzündung des Gewebes.

Wiederkehrender Schmerz bedeutet für den Körper Stress und führt zur Ausschüttung von Stresshormonen, welche die für Kampf, Schutz oder Flucht benötigten Energien freisetzen. Diese dem Überleben dienenden Aktivitäten haben immer Vorrang vor anderen Dingen, wie zum Beispiel Essen, Schlafen, Geschlechtsverkehr, Gebären und Stillen, die zwar für das Individuum auch wichtig sind, jedoch für eine Weile zurückgestellt werden können.

Schmerz und Stress führen zudem zu körperlichen Begleitreaktionen wie zum Beispiel: Anspannung, beschleunigtem Puls, Veränderungen bei Blutdruck und Atmung, Schwitzen, kalten oder feuchten Händen, Verdauungsstörungen, reduzierter Immunabwehr und damit einhergehend einem höheren Risiko für Infektionen.

Damit dieses lebenswichtige Alarmsignal nicht überhört wird, geht Schmerz zugleich auch mit höchst unangenehmen Emotionen einher. Abhängig von seiner Intensität und Dauer ist er mit Angst, Schrecken, Ohnmachtsgefühlen, Hilflosigkeit, Depressivität oder Gereiztheit und eventuell sogar mit Aggression verknüpft.

Das Anlegen in verschiedenen Positionen

Im Grunde genommen können Sie in jeder Position stillen. Im Laufe der Zeit werden sich aber wahrscheinlich zwei bis drei Lieblings- oder Standardpositionen beim Stillen für Sie ergeben. Das ist völlig in Ordnung.

In der halbliegenden Position lässt sich das Stillen gut erlernen

Hat Ihr Baby die Brust gut erfasst, ist es nicht erforderlich, bei jedem Stillen in einer anderen Stillposition anzulegen, um die Brustwarzen nicht einseitig zu belasten oder alle Brustareale gleichmäßig zu entleeren.

Halbliegende Position

Wenn Sie und Ihr Baby noch dabei sind, das Stillen zu lernen, ist es am besten, eine gut abgestützte, halbliegende Position einzunehmen, wie ich sie bereits oben beschrieben habe.

Liegen Sie bequem in der halben Rückenlage, kann Ihr Baby auf Ihrem Bauch mithilfe seiner angeborenen Reflexe selbstständig die Brust finden und gut erfassen, ohne dass einer von Ihnen beiden dabei gegen die Schwerkraft ankämpfen muss oder ein zu großer Abstand zwischen Ihren Körpern das Andocken schwierig macht.

Sie können Ihr Baby in dieser Position aus beinahe jedem erdenklichen Winkel an die Brust legen, indem Sie seinen Körper, gegebenenfalls von Polstern und Kissen unterstützt, wie einen Uhrzeiger

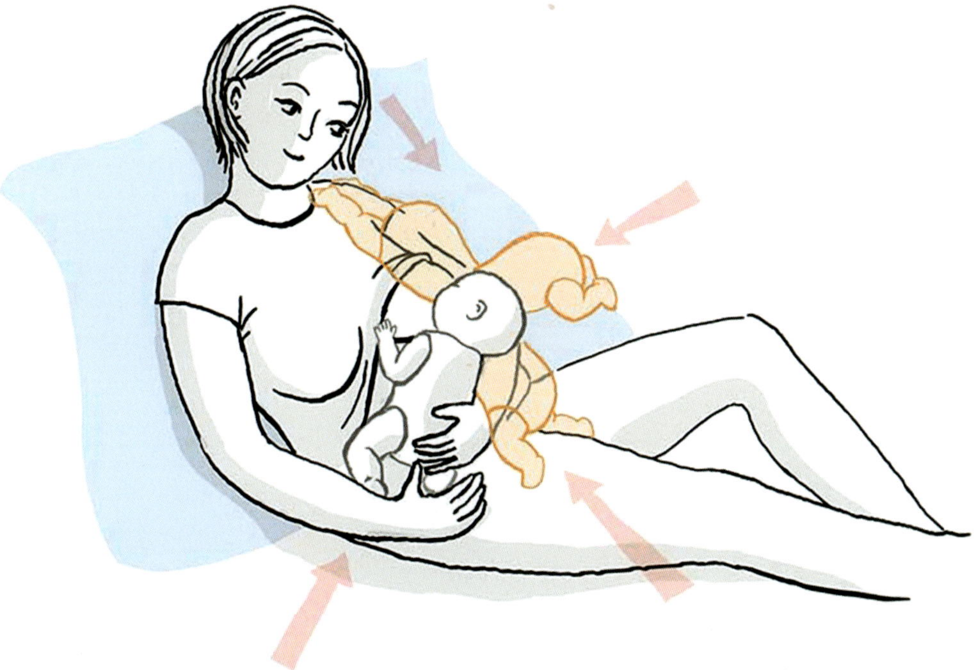

Gut abgestützt kann das Baby die Brust aus allen Richtungen erreichen

auf einem Ziffernblatt in die gewünschte Richtung legen.
Aber auch mit einem älteren Baby sollten Sie es sich nachts und auch während des Tages immer wieder in dieser Position zum Stillen bequem machen und sich selbst beim Stillen entspannen.

Halbsitzende Position

Eine Variation zur halbliegenden Position ist die halbsitzende Haltung, zum Beispiel auf einem Sofa, einem Sessel, einer Bank oder mit einem großen Kissen im Rücken gegen eine Wand gelehnt. Auch wenn Sie etwas weniger zurückgelehnt sind, kann Ihr Baby mit seinem Gewicht auf Ihrem Körper liegen, ohne viel Zutun Ihrerseits andocken und Sie können während des Stillens entspannen.
Selbst wenn Sie unterwegs stillen und keine bequeme Sitzgelegenheit haben, ist es möglich, sich nur für den Moment des Anlegens zurückzulehnen, die Schwerkraft und die Reflexe zu nutzen und sich dann mit dem Baby an der Brust aufzurichten.

Entspanntes Stillen in einer halbsitzenden Position

Seitenhaltung oder Rückengriff

In manchen Situationen kann es sinnvoll sein, das Baby nicht von vorne, sondern von der Seite anzulegen, damit es zum Beispiel einen gestauten Drüsenbereich an der Außenseite der Brust besser entleeren kann, oder weil das Anlegen von vorn Ihnen wegen einer Kaiserschnittnarbe noch Schmerzen bereitet. In dieser Position lässt sich auch das asymmetrische Anlegen am besten erlernen, mit dem Sie den Mund des Babys gut mit Brust füllen können, sodass Ihre Brustwarze bis in die „Komfortzone" gelangt. Nehmen Sie zuerst selbst eine bequeme und gut gestützte Position ein. Sie können dabei aufrecht oder auch zurückgelehnt sitzen.

Legen Sie ein oder mehrere feste Kissen neben sich, damit Sie das Baby nicht während des Stillens selbst halten müssen, sondern sein Gewicht auf den Kissen ablegen können.

Positionieren Sie Ihr Baby so auf den Kissen, dass seine Wirbelsäule gerade ist und sein Kopf nicht nach vorn gebeugt ist oder sein Rücken durchhängt. Achten Sie darauf, dass es nicht mit dem Mund, sondern mit seiner Nase vor der natürlichen Höhe Ihrer Brustwarze liegt. Je nach der Position Ihrer Brustwarze, kann Ihr Baby dabei entweder auf der Seite oder auf dem Rücken liegen. Wichtig ist aber, dass es mit seiner gesamten Vorderseite zu Ihnen zeigt und den Kopf nicht zur Seite drehen muss, um die Brust zu erreichen.

Zeigen Ihre Brustwarzen, so wie bei den meisten Frauen, mehr nach vorn als zur Seite, sollten Körper und Beine Ihres Babys eher etwas weiter entfernt von Ihrem Körper liegen. Wenn Sie den unteren Körper des Babys zu eng an Ihre Flanke heranziehen, kann dies beim Stillen zu einem schmerzhaften Zug an der Brustwarze oder einem zu starken Vorbeugen des Köpfchens führen.

Liegt Ihr Baby eher auf dem Rücken unter Ihrer Brust, achten Sie besonders bei einem Frühgeborenen oder einem kleinen Neugeborenen darauf, dass eine große, schwere Brust nicht mit ihrem Gewicht auf seinem Brustkorb lastet und seine Atmung beeinträchtigt.

Asymmetrisches Anlegen in der Seitenhaltung

- Zum Anlegen an Ihre rechte Brust liegt Ihr Baby rechts neben Ihnen. Seine Nase liegt vor der natürlichen Position Ihrer Brustwarze, sein Köpfchen und sein Rücken sind nicht nach vorn gebeugt, sondern gerade oder leicht gestreckt.
- Legen Sie Ihren rechten Unterarm an den Rücken des Babys und halten Sie seinen Kopf mit Daumen und Zeigefinger hinter den Ohren an der Schädelbasis, sodass Ihr Handballen sowie Ihr kleiner Finger und Ihr Ringfinger seine Schulterblätter und seinen Nacken stützen. (Bild 1)
- Berühren Sie beim Anlegen den Kopf des Babys nicht oberhalb der Schädelbasis und beugen Sie seinen Kopf nicht nach vorn. Berührungen an den Kopfseiten lösen Suchreflexbewegungen zu den Seiten (»Kopfschütteln«) aus. Drücken des Hinterkopfs nach vorn löst einen Streckreflex im Nacken aus. Beides macht das Anlegen für Sie beide schwieriger.
- Drücken Sie mit der linken Hand Ihre Brust parallel zu seinen Lippen etwas zusammen. Liegt Ihr Baby waagerecht in der Seitenlage neben Ihnen, zeigen Ihr Daumen und Ihre Fingerspitzen dabei senkrecht in Richtung Zimmerdecke.
- Der parallel zur Oberlippe liegende Daumen drückt jetzt nah an der Mamille etwas stärker auf die Brust, sodass Ihre Mamille nicht zum Mund des Babys zeigt. Die parallel zur Unterlippe liegenden Finger sind weiter von der Mamille entfernt, damit sie seinem Unterkiefer beim Erfassen der Brust nicht im Weg sind.
- Berühren oder streichen Sie nun mit der Brustseite, die vor seinem Mund liegt – nicht mit der Brustwarze – von der Nase kommend leicht die Lippen Ihres Babys. (Bild 2)
- Wenn es den Mund öffnet, bringen Sie als erstes sein Kinn und seinen Unterkiefer durch leichten Druck Ih-

Bild 1

res Handballens auf seine Schulterblätter an die Brust heran. (Bild 3)

- Sein Unterkiefer dient Ihnen nun als Hebelpunkt. Rollen oder hebeln Sie Ihre Brust mit der linken Hand von der Nase kommend in seinen Mund. Ihre Brustwarze schlüpft dabei unter der Oberlippe und der oberen Zahnleiste hindurch und entfaltet sich am Gaumen entlang tief in den Mund. Sie wird nicht wie ein Flaschensauger zentral in den Mund gesteckt. (Bild 4)
- Hat Ihr Baby die Brust gut erfasst und ist sein Saugen für Sie nicht schmerzhaft, können Sie jetzt Ihre Brust loslassen. Denn da Ihr Baby vor der natürlichen Position Ihrer Brustwarze liegt, kann ihm die Brust nicht von deren eigenem Gewicht und der Schwerkraft aus dem Mund gezogen werden. (Bild 5)

Bild 2

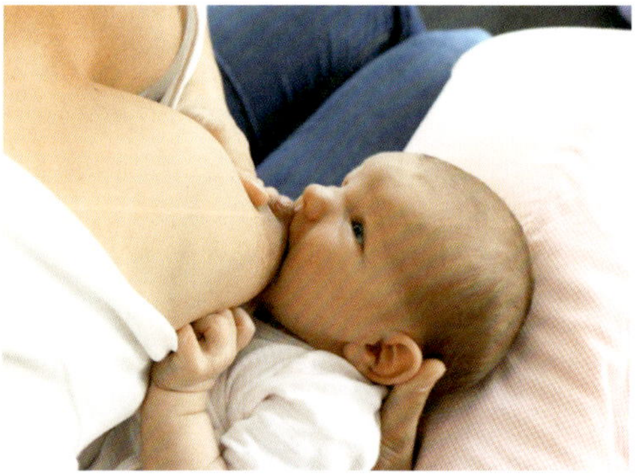

Bild 3

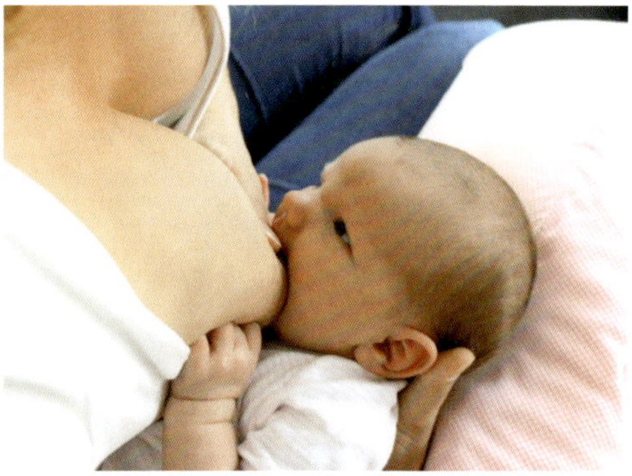

Bild 4

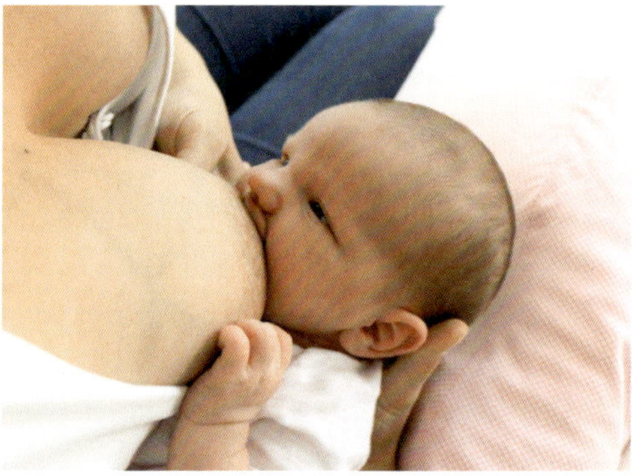

Bild 5

Aufrecht sitzend

Beim Stillen im aufrechten Sitzen, zum Beispiel auf einem Stuhl, gelten die gleichen Prinzipien für das gute Anlegen wie bei allen anderen Positionen. Allerdings kann das Baby sich schlechter selbst andocken und benötigt mehr aktive Führung und Unterstützung von Ihnen. Ich empfehle daher diese Position nicht für Anfänger oder wenn das Anlegen noch Probleme bereitet.

Halten Sie Ihr Baby eng an Ihrem Körper, damit es sich stabil fühlt und nicht von der Schwerkraft von Ihnen weggezogen wird.

Drehen Sie es mit seiner gesamten Körpervorderseite zu sich, damit sich Ihre Körper maximal berühren und seine Suchreflexe ausgelöst werden.

In der klassischen Wiegenposition wird häufig der Kopf des Babys vor dem Anlegen in die Armbeuge gelegt. Dies hat jedoch oft zur Folge, dass sich nicht die Nase vor der Brustwarze befindet, sondern das Kinn. So muss das Baby seinen Kopf nach vorne beugen und kann seinen Mund nicht weit genug öffnen, um viel Brust aufzunehmen. Seine Nase drückt in die Brust und es zeigt sich ein Doppelkinn.

Um dies zu verhindern, legen Sie seinen Kopf vor dem Anlegen auf Ihren Unterarm, sodass seine Nase vor der natürlichen Position Ihrer Mamille liegt. Ist es dann gut angelegt, berührt seine Nasenspitze allenfalls leicht Ihre Brust, seine Unterlippe und eventuell sogar sein Kinn werden von der Brust verdeckt, und zwischen seinem Kinn und seinem Brustkorb ist Platz für zwei Ihrer Finger.

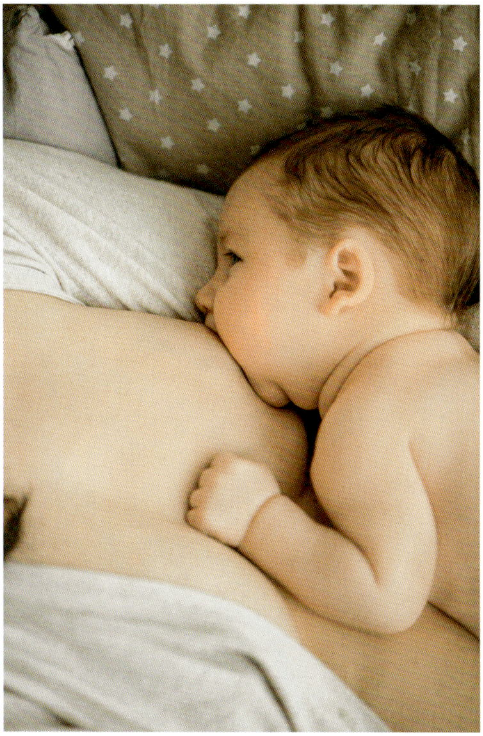

Die Brust verdeckt die Unterlippe und die Nase des Babys ist frei

Sie sollten sich auch nicht zu Ihrem Baby vorbeugen müssen, um ihm die Brust in den Mund zu geben, da dies zu einer ungünstigen Belastung und zu Rückenbeschwerden führen kann.

Wenn Sie beide bereits richtige Stillprofis sind, können Sie den Po und die Hüften eines größeren Babys auch unterhalb der zweiten Brust in Ihrem Schoß ablegen.

Im Wiegengriff angelegtes Baby

Asymmetrisches Anlegen in der aufrechten Sitzposition

- Zum Anlegen an Ihre linke Brust halten Sie Ihr Baby eng an Ihre Körpervorderseite geschmiegt, sodass seine Hüften und seine Beine unter Ihrer rechten Brust an Ihrem Brustkorb und Ihrer Flanke liegen. Seine linke Hand liegt auf Ihrer linken Brust und seine rechte Hand berührt Ihren Brustkorb unterhalb der linken Brust.
- Legen Sie seinen Kopf noch nicht auf Ihren linken Unterarm. Stützen Sie stattdessen seinen Rücken mit Ihrem rechten Unterarm und drücken Sie seinen Unterkörper mit Ihrem rechten Ellenbogen noch etwas fester an sich heran.
- Halten Sie seinen Kopf mit Daumen und Fingern der rechten Hand an der Schädelbasis kurz unterhalb oder hinter den Ohren. Ihr Handballen liegt dabei auf den Schulterblättern Ihres Babys.
- Die Nasenspitze Ihres Babys befindet sich vor der natürlichen Position Ihrer Mamille. Halten oder schieben Sie ihm nicht die Brust vor den Mund, sondern positionieren Sie Ihr Baby so, dass seine Nase an der richtigen Stelle ist.
- Da Ihr Baby sich in der Stillposition nicht mit seinen Reflexen selbst zur Brust bewegen kann, helfen Sie ihm dabei, die Brust gut zu erfassen.
- Drücken Sie Ihre Brust mit den Fingern der linken Hand parallel zu seinen Lippen etwas flach. Der parallel zur Oberlippe liegende Finger liegt näher an der Mamille und richtet sie durch leichten Druck etwas von Ihrem Baby weg.

- Mit der vor seinem Mund liegenden rechten Brustseite – nicht mit der Brustwarze – berühren Sie nun von der Nase kommend seine Lippen.
- Wenn es den Mund weit öffnet, drücken Sie mit Ihrem rechten Handballen leicht auf seine Schulterblätter und bringen es so zuerst mit seinem Kinn und seiner Unterlippe an Ihre Brust heran.
- Drücken oder rollen Sie nun mit dem Daumen der linken Hand Ihre Brust in seinen Mund hinein. Ihre Brustwarze schlüpft unter der Oberlippe und der oberen Zahnleiste hindurch und entfaltet sich am Gaumen entlang tief in den Mund bis zur Komfortzone.
- Hat Ihr Baby die Brust gut erfasst, können Sie die Brust loslassen und Ihren linken Arm so unter seinen Körper legen, dass sein Kopf auf Ihrem linken Unterarm liegt. Sie halten es nun nur im linken Arm. Ihre rechte Hand haben Sie frei, sodass Sie beim Stillen zum Beispiel auch etwas essen oder trinken können.

Wenn Sie keine Probleme beim Anlegen haben, brauchen Sie ihm die Brust nicht mit der zweiten Hand parallel zu den Lippen flach drücken, sondern können direkt mit seinem Kopf auf Ihrem Unterarm starten.

Seitenlage

Das Stillen in der Seitenlage ist eine Position für fortgeschrittene Stillpaare. »Anfängern« fällt es in der Seitenlage häufig schwer, das Baby allein gut anzulegen. Denn der Mund des Babys und die Brust sind im Liegen schlecht zu sehen und schwieriger zu steuern.
Hat sich das Anlegen für Sie beide aber erst einmal gut eingespielt, ist die Seitenlage eine weitere gute Position für das entspannte Stillen in der Nacht.

- Zum Anlegen an die linke Brust legen Sie sich bequem auf Ihre linke Seite. Ihr Kopf liegt dabei auf einem Kissen, Ihre linke Schulter direkt auf der Matratze. Ihr rechtes Bein können Sie leicht angewinkelt auf einem vor Ihren Beinen liegenden Polster ablegen.
- Ihr Baby liegt mit engem Körperkontakt parallel zu Ihnen auf seiner rechten Seite. Seine Nasenspitze befindet sich wie immer vor Ihrer Mamille. Ihre linke Hand liegt an seinen Schulterblättern.
- Formen Sie nun mit Ihrer rechten Hand Ihre Brust parallel zu seinen Lippen etwas flach. Drücken Sie dabei mit dem Finger, der parallel zur Oberlippe verläuft, etwas stärker auf die Brust und richten Sie Ihre Mamille von seiner Nase weg. Berühren Sie

Für eingespielte Stillpaare ist die Seitenlage eine entspannte Position

seine Lippen mit der unteren Brustseite, die nun vor seinem Mund liegt, um das Öffnen des Mundes auszulösen.

- Wenn es seinen Mund weit öffnet, ziehen oder drücken Sie es schnell mit Ihrer linken Hand an die Brust heran, sodass es als erstes die Brust mit der Unterlippe berührt, und rollen Sie ihm mit Ihrer rechten Hand die Brust in den Mund.
- Hat es Ihre Brust gut erfasst und ist sein Saugen für Sie nicht schmerzhaft, schieben Sie ihm noch ein zusammengerolltes Handtuch oder ein kleines festes Kissen in den Rücken, damit es beim Stillen nicht auf den Rücken zurückrollt und ihm die Brust aus dem Mund gezogen wird.

Das Baby gut von der Brust abnehmen

Wenn Sie die Stillmahlzeit beenden möchten, bevor Ihr Baby von sich aus die Brust loslässt, ziehen Sie nicht einfach Ihre Brust aus seinem Mund. Denn dann

wird es versuchen, sie durch stärkeres Saugen festzuhalten und unter Umständen Ihre Mamille dabei schmerzhaft beanspruchen.
Lösen Sie stattdessen das Vakuum, bevor Sie die Brust herausziehen, indem Sie vorsichtig einen Finger in den Mundwinkel Ihres Babys schieben.

Noch ein paar Bemerkungen zum Schluss

Wenn die Beschreibungen in diesem Kapitel für Sie im Moment sehr technisch und kompliziert klingen, möchte ich Sie ermutigen, sich zunächst einmal an die Grundschritte zum guten Anlegen zu halten und dann Ihre eigenen Erfahrungen zu machen.
Sicherheit beim Anlegen bekommen Sie beim Tun, nicht durch das Studieren von technischen Anleitungen.
Zu viele Informationen, womöglich auch noch widersprüchliche Ratschläge und Instruktionen, können Sie verwirren und verunsichern. Sie befürchten dann vielleicht beim Stillen etwas falsch zu machen und behindern so Ihr Bauchgefühl, das Ihnen helfen würde, Ihren eigenen Weg beim Stillen zu finden.
Machen Sie sich keinen Stress, wenn manche Stillpositionen für Sie zu Beginn noch nicht funktionieren. Versuchen Sie erst einmal, in einer einzigen Position *gut* anzulegen. Wenn Ihnen das gelingt, ergeben sich im alltäglichen Leben neue Variationen dieser Position von ganz alleine, ohne dass Sie dabei noch viel überlegen müssen.
Verlassen Sie sich am besten auf Ihr Gefühl. Denn wenn sich alles gut für Sie anfühlt, dann ist es auch gut, so wie es ist.

6
Ihrem Baby und Ihrem Gefühl vertrauen

Mutter zu werden ist wohl die größte Veränderung im Leben einer Frau. Wundern Sie sich daher nicht, wenn Sie als Mutter ungewohnte Gefühle und neue Verhaltensmuster an sich beobachten. Die Geburtshormone schalten nämlich Ihr »Muttergehirn« ein. Ihr ganzes Denken und Fühlen dreht sich nun um Ihr Baby und sein Wohlergehen, so als wären Sie frisch verliebt. Sie können nicht genug davon bekommen, mit Ihrem Baby zusammen zu sein, es anzuschauen, seine Haut zu spüren und es zu liebkosen. Sein Geruch prägt sich Ihnen ein, sodass Sie es schon nach wenigen Tagen daran erkennen. Ihr angeborener Mutterinstinkt ist nun erwacht und darauf ausgerichtet, es zu beschützen und dafür zu sorgen, dass es ihm gut geht.

Es ist Ihr Gefühl, dass Ihnen sagt, ob es Ihrem Baby gut geht oder nicht. Wie Sie das Gefühl nennen, ob Bauchgefühl, Intuition, Herz oder Mutterinstinkt, spielt keine Rolle. Entscheidend ist, dass *Sie* selbst Ihr Gefühl ernst nehmen und zwar sowohl als positives als auch als negatives Gefühl. Wenn *Sie* kein gutes Gefühl haben oder auch nur ein diffuses Gefühl, dass etwas nicht stimmt oder nicht gut ist, glauben Sie es und gehen Sie ihm auf den Grund.

In den ersten Tagen sind Sie vor allem noch damit beschäftigt, sich von der Geburt zu erholen, das Neugeborene kennenzulernen und häufig anzulegen, um das gute Anlegen zu lernen und die Milchproduktion optimal anzuregen.

Im Laufe der ersten Wochen und Monate geht es dann darum, im Umgang mit Ihrem Baby sicherer zu werden, sich an das Muttersein und das Leben mit Baby zu gewöhnen. Dabei ist es unumgänglich, nach und nach Ihren eigenen Weg gemeinsam herauszufinden.

Vertrauen Sie dabei auch Ihrem Baby. Es kommt mit all den Reflexen und Instinkten auf die Welt, die es zum Leben außerhalb der Gebärmutter braucht. Sein gesamtes Verhalten ist auf Überleben ausgerichtet. Da es dazu aber nicht nur Nahrung, sondern auch dauerhaften Schutz und Fürsorge benötigt, löst es mit seinem ganzen Wesen genau diese Verliebtheitsgefühle und Beschützerinstinkte bei seinen Eltern aus, die Sie gerade erleben.

Ihr Baby ist von Geburt an absolut kompetent und kommuniziert mit seinem Verhalten genauestens, was es braucht. Es zeigt mit seiner Körpersprache, ob es ihm gut geht oder nicht. So hat es die Natur eingerichtet. Im täglichen Umgang mit Ihrem Baby lernen Sie es mit der Zeit immer besser zu verstehen. Niemand sonst wird Ihr Kind je so gut kennen wie Sie, auch nicht der größte Kinderexperte.

Vertrauen Sie auf Ihr Gefühl. Wenn sich der Umgang mit Ihrem Baby gut und richtig für Sie anfühlt und Sie spüren, dass es auch Ihrem Baby damit gut geht, ist er auch gut und richtig.

Unsere Gesellschaft macht es uns jedoch nicht gerade leicht, der Natur zu vertrauen und sich auf das eigene Gefühl zu verlassen. Zu sehr haben sich Technologien und Wissenschaften in allen Lebensbereichen ausgebreitet und dazu geführt, dass nur wenige Menschen Vertrauen in ihre Intuition haben. Intuition ist aber in jedem von uns vorhanden und wartet nur darauf entdeckt zu werden. Das Leben als Mutter ist eine gute Gelegenheit, sie zu stärken und zuzulassen.

Es ist ganz natürlich – und für Ihr Baby auch überlebenswichtig –, dass Sie nur das Beste für Ihr Kind wollen. Angst, etwas Gravierendes falsch zu machen, behindert die Intuition.

Auch zu viele Informationen, die sich gegenseitig widersprechen, können Sie verunsichern und von Ihrem eigenen Gefühl abbringen. Feste Regeln, Zeitpläne, Uhren, Waagen und der Rat von Experten sollen dann möglichst Sicherheit geben – und erzeugen oft genau das Gegenteil. Denn echte Sicherheit bekommen Sie nur von innen. Und dafür brauchen Sie vor allem Ruhe, Entspannung, Spontaneität, Hingabe und Vertrauen.

In diesem Kapitel erfahren Sie, wie Sie beim Stillen Ihrem Baby und Ihrem eigenen Gefühl folgen, und lernen dabei einige der zahlreichen Mythen und Ammenmärchen kennen, die häufig zur Verunsicherung beitragen.

Stillen ist mehr als Ernährung

In der heutigen Zeit wird Stillen vor allem als Möglichkeit gesehen, Babys mit der optimalen Nahrung zu versorgen. Dies hängt damit zusammen, dass es seit den 1950er-Jahren industrielle Säuglingsnahrung gibt, mit der Babys bei den hiesigen guten hygienischen Bedingungen ernährt werden können, wenn eine Mutter nicht stillen kann. Die zunehmende Erforschung der Inhaltsstoffe von Muttermilch trägt dazu bei, dass sie in erster Linie als Nahrungsmittel betrachtet wird. Die Industrie hat so aus dem Natürlichsten der Welt eine Wissenschaft gemacht, bei der Zahlen und Tabellen vorgeben, was richtig ist.

Stillen ist aber weit mehr als nur eine mögliche Ernährungsweise eines Babys. Während Ihr Baby an Ihrer Brust liegt, erhält es nicht nur Nahrung für den Körper, sondern auch für die Seele. Denn beim Stillen werden zugleich auch seine Bedürfnisse nach Nähe, Geborgenheit, Ruhe und Entspannung erfüllt.

Beim Stillen erhält das Baby auch Nahrung für die Seele

Sie beide schütten beim Stillen das Liebeshormon Oxytocin aus. Oxytocin fördert die Bindung und entfaltet auch in anderen zwischenmenschlichen Beziehungen seine positive Wirkung – etwa beim gemeinsamen Essen mit Freunden, bei angenehmen körperlichen Berührungen und beim Sex. Stillen[39] ist also auf hormoneller Ebene tatsächlich eine Form von »Liebe machen«, bei der Sie Ihrem Baby Muttermilch als »flüssige Liebe« geben. Die beim Stillen beteiligten Hormone erzeugen ein starkes Wohlgefühl, das sich für beide Stillpartner einfach gut anfühlt. Auch das ist von der Natur extra so eingerichtet.

Angenehmes Stillen ist somit ein zentraler Aspekt der Mutter-Kind-Beziehung. Auf Stillen als Beziehung statt auf Muttermilch als Nahrung zu blicken, kann sehr entlastend sein, falls Sie zu den wenigen Müttern gehören, die tatsächlich nicht genug Milch bilden können. Denn auch, wenn Ihr Baby nur teilweise an Ihrer Brust ernährt wird, haben Sie eine unvergleichliche Stillbeziehung.

Ohnehin ist keine Stillbeziehung wie die andere. Mütter und Kinder sind unterschiedlich. Bereits bei der Geburt unterscheiden sich Babys in Größe und Gewicht. Auch die Dauer der Schwangerschaft, der Geburtsverlauf, das Geschlecht und das individuelle Temperament beeinflussen ihr Verhalten in den ersten Wochen und Monaten. Jedes Kind entwickelt und verändert sich außerdem kontinuierlich, jedoch in seinem ganz eigenen Tempo. Diese Unterschiede und Veränderungen wirken sich selbstverständlich auch auf die Stillbeziehung aus und machen diese zu einem Prozess, der sich laufend ändert. Wie alle Beziehungen basiert die Stillbeziehung auf Interaktion und Kommunikation, welche zunächst ausschließlich auf der körperlichen Ebene stattfinden.

Still(mahl)zeiten sind Kuschel- oder Beziehungszeiten, die Ihnen beiden einfach gut tun.

Bekommt es genug?

Machen Sie sich Sorgen, ob Ihr Baby genug Muttermilch bekommt? Dann geht es Ihnen wie vielen Müttern. Geschürt wird diese Sorge u.a. durch Tabellen auf Flaschennahrungspackungen, die anzeigen, dass Babys je nach Alter vier- bis sechsmal am Tag eine bestimmte Menge Säuglingsnahrung erhalten sollen. Die seltenen Flaschenmahlzeiten erfordern jedoch sehr große Portionen, um den Tagesbedarf des Babys zu decken. Derartige Portionsangaben wecken die Vorstellung, Babys *müssten* solche Mengen und in solch großen Zeitabständen trinken. Zweifeln Sie nicht an Ihrer Milchmenge, wenn Ihr Baby doppelt so oft oder noch öfter an die Brust möchte, als auf den Tabellen angegeben.

Die Trinkmengen von Kindern sind sehr unterschiedlich, dabei spielt weniger das Alter des Babys eine Rolle, als vielmehr sein Gewicht, seine Größe und sein Geschlecht.

Es ist auch nicht wichtig, wie viele Milliliter Ihr Baby bei einem einzelnen Stillvorgang genau trinkt. Denn die Trinkmenge Ihres Babys variiert auch während eines Tages, je nachdem, wann zuletzt gestillt wurde und wie viel Milch in Ihren Brüsten ist.

Außerdem hängt die Trinkmenge auch davon ab, welches Bedürfnis es gerade an der Brust stillt. Es geht ja beim Stillen nicht immer nur darum, Nährstoffe, Vitamine und Kalorien für den Körper aufzunehmen.

Letztlich kommt es nur darauf an, dass Ihr Baby für diesen Moment genug hat, um zufrieden zu sein, und dass es insgesamt in 24 Stunden ausreichend Muttermilch erhält, um gut zu gedeihen.

Babys haben einen kleinen Magen

Große Portionen entsprechen nicht dem kleinen Magen von Babys, sondern überfordern ihn meist, und sind auch bei älteren Babys meist die Ursache für Spucken nach dem Trinken. Es ist normal, dass ein Neugeborenes sehr häufig kleine Portionen trinken möchte. Viele Mütter fühlen sich dadurch verunsichert. Dieses Trinkverhalten wird aber von der Aufnahmekapazität des Babymagens bestimmt, die vom Gewicht und in den ersten Tagen auch vom Alter abhängig ist. Dabei unterscheidet sich die physiologische von der anatomischen Magenkapazität. Die anatomische Magenkapazität ist die maximale Aufnahmemenge pro Mahlzeit. Die physiologische Magenkapazität ist die angenehme Aufnahmemenge pro Mahlzeit – also das wohlige Gefühl, satt zu sein, ohne einen übervollen Magen zu haben.

Durchschnittliche physiologische Magenkapazität von Neugeborenen (2–4 kg) nach Alter

1. Tag = 5–7 ml (1 Teelöffel)
2. Tag = 10–15 ml (2–3 TL)
3. Tag = 25–30 ml (5–6 TL)
1 Woche = 45–60 ml (3–4 Esslöffel)
2 Wochen = 60–75 ml (4–5 EL)
1 Monat = 90–120 ml (6–8 EL)

Am ersten Lebenstag kann sich die Magenwand des Babys noch nicht dehnen. Zu große Mengen werden daher meist sofort wieder erbrochen. Häufiges Anlegen und Ihre kleinen Mengen Kolostrum entsprechen also genau der physiologischen Magenkapazität Ihres Neugeborenen.

Nach einer Geburt ohne Störungen suchen Neugeborene sehr oft nach der Brust, besonders, wenn sie im Körperkontakt sind und ihre Reflexe durch die Berührung ihrer Körpervorderseite ausgelöst werden.

Ein Suchreflex von Neugeborenen ist das Drehen des Kopfes mit geöffnetem Mund

Legen Sie Ihr Neugeborenes in den ersten Tagen jedes Mal an, wenn es sucht, mindestens acht- bis zwölfmal in 24 Stunden.

Wenn Ihr Baby älter wird und wächst, wird auch sein Magen größer und dehnbarer, sodass er sich selteneren, größeren Portionen anpassen kann. Was aber nicht heißt, dass es diese nun auch benötigt, um sich wohl zu fühlen und zu gedeihen. Mehrere kleine Mahlzeiten sind auch für Erwachsene besser als seltene große.

Genug Milch für gutes Gedeihen

Die Brust zeigt nicht an, wie viel das Baby getrunken hat. Aber auch ohne Milliliter-Skala gibt es mehrere Zeichen, die zeigen, dass Ihr Stillbaby genug Muttermilch bekommt.

1. Hörbares Schlucken an der Brust

In den ersten Sekunden nach dem Anlegen macht Ihr Baby beim Saugen kleine, schnelle Kieferbewegungen ohne Pausen. Sobald die Milch anfängt zu fließen, werden die Bewegungen größer und langsamer. Nach dem Öffnen der Kiefer macht es jeweils eine kleine Pause, in der sich sein Mund mit Muttermilch füllt. Dann schließt es die Kiefer und schluckt. Das Schluckgeräusch klingt wie ein gehauchtes »K« und ist in einer ruhigen Umgebung meistens gut hörbar. Wenn reichlich Milch fließt, schluckt es nach jedem 1. bis 2. Saugvorgang. Zwischendurch macht es kleine Verschnaufpausen, um danach wieder weiter zu saugen und zu schlucken.

An einer leereren Brust, aus der weniger Milch fließt, schluckt es etwa nach jedem 4. bis 5. Saugvorgang.

Neugeborene trinken meist langsamer und machen mehr Pausen, während ältere Babys auch schon nach 5 Minuten eifrigen Schluckens fertig sein können.

2. Entspannte Händchen und Zufriedenheit nach dem Stillen

Ein hungriges Baby ist unruhig und angespannt, was gut an seinen geballten Fäustchen zu sehen ist. Wenn es an Ihrer Brust trinkt und der Hunger nachlässt, öffnet es seine Hände immer mehr. Ist es schließlich satt, lässt es oft von selbst die Brust los, hat eine rosige Hautfarbe, ist am ganzen Körper entspannt und zufrieden. Manchmal läuft ihm noch etwas Milch aus dem Mund oder es hat einen Schluckauf. Vielleicht schläft es auch an der Brust ein, wacht nach einiger Zeit wieder auf und ist auch ohne Brust zufrieden. Wenn es etwas älter ist, lächelt es Sie an und beginnt zu »flirten«.

Offene Händchen nach dem Stillen sind ein Sättigungszeichen

3. Weichere Brust nach dem Stillen

In den ersten Tagen sind Ihre Brüste relativ weich, da nur kleine Mengen Kolostrum vorhanden sind. Jetzt bemerken Sie wahrscheinlich noch keine großen Veränderungen, nachdem Ihr Baby an Ihrer Brust getrunken hat.

Auch während des »Milcheinschusses« ist der Unterschied vor und nach dem Stillen nicht allzu deutlich, weil Ihre Brüste allgemein recht gespannt sind.

Nach der Umstellung der Milchbildung fühlen sich Ihre Brüste nach dem Stillen deutlich weicher an als vorher, wenn Ihr Baby daran gut getrunken hat.

Etwa sechs Wochen nach der Geburt werden Ihre Brüste insgesamt wieder weicher und entspannter. Sie können aber weiterhin durch Tasten feststellen, dass die Brust nach dem Stillen weicher ist.

Achtung Mythos

Nach sechs Wochen werden Ihre Brüste weicher, weil sie sich auf die Trinkmenge Ihres Babys eingestellt haben. Etwa zeitgleich erreichen die täglichen Schreiphasen des Babys einen Höhepunkt. Es hat zudem einen Wachstumsschub und verlangt häufiger nach der Brust. Viele Mütter glauben dann, ihre Milch sei zurückgegangen und fangen an, Flaschennahrung zu füttern, obwohl dies nicht nötig wäre.

4. Urin

In den ersten Lebenstagen bekommt Ihr Neugeborenes nur kleine Mengen Kolostrum und hat auch nur wenig Urin, der aber täglich mehr wird.

Ab dem 7. Lebenstag hat Ihr Baby mindestens vier bis fünf schwere Einmalwindeln oder sechs bis acht nasse Stoffwindeln in 24 Stunden.

Der Urin eines gesunden Babys ist klar und geruchlos.

In den modernen »Ultra-Einmalwindeln« ist ein höheres Gewicht der Windel durch Urin in den ersten Tagen schwer festzustellen. Nur die Farbänderung der Markierung an der Windel zeigt, dass sich Urin darin befindet.

5. Stuhlgang

Ab dem 7. Lebenstag hat der Stuhlgang eine ockergelbe Farbe und eine breiige bis flüssige Konsistenz. Er enthält kleine Eiweißklümpchen und riecht angenehm quark- oder obstartig. In den ersten Wochen hat Ihr Baby während oder kurz nach dem Stillvorgang fast immer eine etwa Zwei-Euro-Stück-große Menge gelben Stuhl in der Windel, wenigstens drei- bis fünfmal in 24 Stunden.

Weniger Stuhlgänge sind ein Zeichen für eine zu geringe Nahrungsaufnahme. Lassen Sie dann das Gewicht Ihres Babys überprüfen und besprechen Sie mit Ihrer Hebamme oder einer Stillberaterin Maßnahmen, um die Nahrungszufuhr zu steigern.

Nach der 4. Lebenswoche variiert die Häufigkeit der Stuhlgänge. Manche voll gestillten Babys entleeren ihren Darm dann nur noch selten. Von mehrmals täglich bis zu einmal in 10–14 Tagen oder noch seltener ist normal, solange Ihr Baby dabei zufrieden ist, gut gedeiht und weiter *reichlich klaren Urin* ausscheidet. Der Stuhlgang wird seltener, weil die Muttermilch noch besser verwertet wird und der Darm größere Stuhlgangmengen halten kann. Der seltenere Stuhlgang ist kein Zeichen für Verstopfung. Versuchen Sie deshalb nicht, den Stuhlgang künstlich herbeizuführen, sondern warten Sie einfach ab! Sie werden sehen: Wenn er kommt, ist er flüssig und sehr reichlich.

Einen Überblick behalten

In den ersten ein bis zwei Wochen – bis das Geburtsgewicht wieder erreicht ist – reicht es aus, mit einer einfachen Strichliste in zwei Spalten einen Überblick zu behalten.

1. Machen Sie einen Strich in der ersten Spalte, wenn Ihr Baby mindestens zehn Minuten mit dem oben beschriebenen »Mund öffnen-Pause-Schließen-hörbar Schlucken«-Muster bei Ihnen gesaugt hat, egal ob an einer oder an beiden Brüsten.
2. Machen Sie einen Strich in der zweiten Spalte für jeden Stuhlgang, der mindestens die Größe eines Zwei-Euro-Stücks hat.
3. Nach 24 Stunden zählen Sie die Striche in den Spalten zusammen. *Die Zahl der Mahlzeiten sollte bei acht oder höher, die Zahl der Stuhlgänge bei drei bis vier oder mehr liegen.*

Wenn Ihr Baby gut zunimmt und das Stillen gut läuft, ist auch diese Strichliste nicht mehr nötig, geschweige denn eine komplizierte Excel-Tabelle oder ein ausführliches Logbuch. Vertrauen Sie auf Ihr Gefühl und machen Sie sich das Leben mit dem Baby so einfach und unkompliziert wie möglich.

Die Gewichtsentwicklung eines Stillbabys

Nach der Geburt nehmen fast alle Neugeborenen an Gewicht ab. Das ist ganz normal, schließlich scheiden sie große Mengen Mekonium aus und trinken nur kleine Mengen Kolostrum. Ab dem »Milcheinschuss« etwa am 3. Tag nach der Geburt sollte das Baby nicht weiter abnehmen, sondern sein Gewicht halten und anfangen zuzunehmen.
Sein Geburtsgewicht *sollte* es um den 10. bis 14. Lebenstag wieder erreicht haben. Nach drei Wochen *muss* es sein Geburtsgewicht wieder erreicht haben.

Bis zum Wiedererreichen des Geburtsgewichts sollte das Baby einmal täglich von der Hebamme mit einer Babywaage gewogen werden. Danach einmal wöchentlich, bis es etwa sechs Wochen alt ist. Anschließend etwa einmal monatlich, bis es sechs Monate alt ist.

Machen Sie sich aber nicht von der Waage abhängig, sondern schauen Sie auf Ihr Baby. Ist es zufrieden und rosig? Achten Sie auf hörbares Schlucken an der Brust und auf seine Ausscheidungen. Das Wiegen dient dann nur noch einmal der Bestätigung Ihres eigenen Gefühls, nicht aber der Kontrolle.

Nach einigen Wochen sehen Sie auch an den zunehmenden Speckröllchen, dass Ihr Baby gut gedeiht. Ebenso merken Sie auch an »zu kleinen« Kleidungsstücken und Mützen, dass Ihr Baby wächst.

Normale Gewichtszunahme pro Woche

1–2 Monate: 170–330 g
3–4 Monate: 110–330 g
5–6 Monate: 70–140 g
7–12 Monate: 40–110 g

Die Gewichtszunahme Ihres älteren Babys können Sie selbst grob prüfen, indem Sie sich selbst auf Ihrer Personenwaage einmal allein und einmal mit Ihrem unbekleideten Baby wiegen. Die Differenz der Ergebnisse vergleichen Sie dann mit dem Gewicht des Babys vom letzten Wiegen.

Mit drei bis vier (spätestens sechs) Monaten hat ein gut gedeihendes Stillbaby sein Geburtsgewicht etwa verdoppelt und mit circa einem Jahr verdreifacht.

Babys gibt es in vielen Größen

Manche Mütter machen sich Sorgen, weil ihr Stillbaby vermeintlich zu leicht oder auch zu schwer ist. Babys sind aber schon bei der Geburt unterschiedlich groß und schwer – und dies bleibt auch so.

Der Verlauf der körperlichen Entwicklung wird bei der kinderärztlichen Vorsorgeuntersuchung in Kurven (Perzentilen) eingetragen. Manche Eltern sind dann verunsichert, weil ihr Kind sich nicht entlang der mittleren Kurve entwickelt. Die mittlere 50er-Perzentile ist aber weder ein Durchschnitts- noch der Idealverlauf, sondern liegt lediglich in der Mitte *aller* normalen Verläufe. Die Perzentilen geben nur an, wie die Maße des Kindes verglichen mit allen gesunden Kindern gleichen Alters, gleichen Geschlechts und gleicher Abstammung einzuordnen sind.

Die unterste Linie ist die 3. Perzentile. Sie ist nicht die Grenze zum Untergewicht, sondern zeigt, dass nur drei Prozent der gesunden Kinder gleichen Alters kleiner oder leichter sind. Ebenso ist die 97. Perzentile nicht die Grenze zum Übergewicht, vielmehr besagt sie, dass drei Prozent der vergleichbaren, gesunden Kinder noch größer oder schwerer sind.

Ein gesundes, termingerecht geborenes Baby entwickelt sich normal, wenn sein Wachstum etwa parallel zu seiner Ausgangs-Perzentile verläuft.

Da die Gewichtszunahme und das Längenwachstum von Babys nicht gleichmäßig, sondern schubweise verlaufen, können einzelne Messungen auch jeweils ober- oder unterhalb der Ausgangsperzentile liegen und diese mehrfach kreuzen.

Vergleichen Sie Ihr Kind nicht ständig mit anderen Kindern. Wenn es ansonsten gesund, zufrieden und aktiv ist, ist alles in Ordnung.

Nur wenn Ihr Baby mit seinen Messwerten immer weiter von seiner Ausgangsperzentile abfällt, ist dies ein Grund, genauer hinzuschauen und zum Beispiel mithilfe einer Stillberatung die Ursachen zu lösen.

Wann und wie oft anlegen?

Stillen nach Bedarf ist der beste Weg, damit das Stillen gut funktioniert und Ihr Baby gut gedeiht. Legen Sie Ihr Baby an, wenn es zeigt, dass es an die Brust möchte.

Stillen nach Zahlen – also das Anlegen nach einem festen Zeitplan und mit einer bestimmten Soll-Trinkmenge – erzeugt dagegen unnötigen Stress, weil das Baby entweder bereits überhungrig ist oder aber gerade schläft und noch keinen Hunger hat. Keine Uhr und keine Still-App weiß besser als Ihr Baby, wann oder warum es wieder an die Brust möchte.

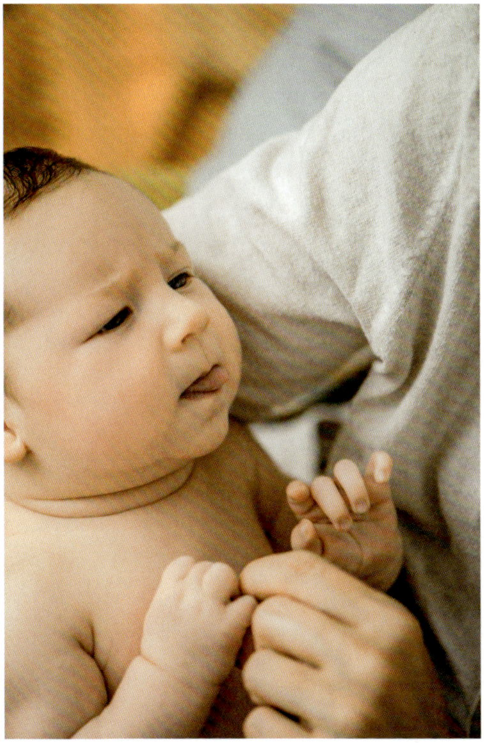

Herausschieben der Zunge ist ein Hungerzeichen von Babys

Ihr Baby kann am besten andocken und trinken, wenn es ruhig und wach oder noch leicht schläfrig und nur leicht hungrig ist.

Hungerzeichen des Babys

- Bewegen der Arme, Beine, Hände und Füße
- Hand-zu-Mund-Bewegungen, Seitwärts-Drehen des Kopfes
- Öffnen des Mundes, Zunge herausschieben
- Kleine Laute, Schmatzen
- Saugen an den eigenen Fingern

Legen Sie Ihr Baby möglichst schnell an, wenn Sie die ersten Zeichen für Hunger beobachten.

Schreien ist übrigens kein typisches Hungerzeichen, sondern ein Notruf, den das Baby äußert, wenn seine ersten Hungerzeichen nicht beantwortet werden.

Versuchen Sie, Ihr schreiendes Baby vor dem Anlegen erst einmal zu beruhigen, indem Sie es eng an Ihrem Körper halten, ruhig mit ihm sprechen und an Ihrem Finger oder seinem Händchen saugen lassen.

Achtung Mythos

Zu warten, bis das Baby »richtig« hungrig ist, macht das Anlegen nicht einfacher. Ein hektisches, schreiendes Baby anzulegen, ist schwieriger, da seine Reflexbewegungen unkoordinierter sind.

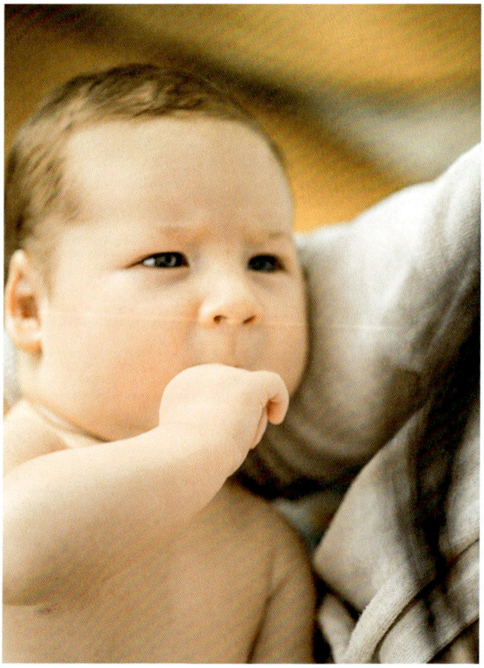

Hand-zu-Mund-Bewegungen sind Signale zum Anlegen

Häufiges Stillen ist normal

Auch nach den ersten Lebenstagen brauchen Neugeborene weiterhin viele kleine Nahrungsportionen und viele Kuschelzeiten. Sogar ältere Babys wollen zu bestimmten Zeiten sehr häufig stillen. Stillen in sehr kurzen Zeitabständen ist ein normales Trinkverhalten von Babys und wird oft »Marathonstillen«, »Mehr-Gänge-Menü-Stillen«, »Lagerfeuerstillen« oder in der Fachsprache *Clusterfeeding* (englisch: Cluster = Gruppen, Haufen, Ansammlung) genannt.

Clusterfeeding tritt vor allem in den Abendstunden, bei Wachstums- und Entwicklungsschüben, vor und während einer Krankheit oder bei Zahnungsbeschwerden auf. *Es ist kein Zeichen dafür, dass Ihre Milch nicht (mehr) reicht.* Das Baby braucht in dieser Phase ganz offensichtlich noch weitere kleine Portionen und stimuliert so auch Ihre Brüste mehr Milch zu bilden. Vertrauen Sie ihm!

Achtung Mythos

Oft wird dazu geraten, das Baby frühestens nach zwei Stunden wieder zu stillen, damit sich in seinem Magen nicht frische Milch mit halb verdauter Milch mischt und dadurch zu Verdauungsproblemen führt. Dieser Rat galt für die früher sehr schwer verdauliche Flaschennahrung und wurde auf die Muttermilch übertragen.

Muttermilch wird aber schnell verdaut. Bereits während des Saugens an der Brust mischt sich im Magen frische Muttermilch mit angedauter. Wäre dies ein Problem, müssten alle Stillbabys ständig unter Bauchweh leiden.

Wie schnell die Muttermilch den Magen vollständig wieder verlassen hat, lässt sich nicht genau sagen, da die Magenentleerungszeit individuell unterschiedlich ist und jeweils von der Menge und den Inhaltsstoffen der Nahrung abhängt. Allgemein wird davon ausgegangen, dass Muttermilch den Magen spätestens nach zwei bis drei Stunden passiert hat, während dies bei künstlicher Säuglingsnahrung drei bis vier Stunden und länger dauert. Stillbabys können deshalb auch innerhalb von weniger als zwei Stunden wieder hungrig sein.

Naturvölker und unsere nächsten Verwandten, die Primaten, die ihre Babys ständig am Körper tragen, stillen mehrmals pro Stunde. Häufiges Stillen wird daher als *natürliches* Stillverhalten von Menschen angesehen.

Legen Sie Ihr Baby immer an, wenn es danach verlangt, ganz gleich, wann es zuletzt getrunken hat. Beim Stillen sind kurze Abstände normal und erlaubt.

Schonen der Brustwarzen ist nicht erforderlich

Es wird häufig empfohlen, in den ersten Tagen nicht zu oft und nicht zu lange anzulegen, damit die Brustwarzen nicht wund werden. Wunde Brustwarzen entstehen aber nicht durch zu häufiges oder zu langes Stillen, weder in den ersten Tagen noch später.

Achtung Mythos

Hellhäutige, blonde oder rothaarige Mütter bekommen nicht schneller wunde Brustwarzen als dunkelhaarige Mütter. Ihre Haut ist identisch aufgebaut. Sie sind nur empfindlicher gegenüber Sonnenlicht und bekommen schneller einen Sonnenbrand.

Wie Sie bereits wissen, haben Sie keine Schmerzen und Ihre Brustwarzen werden nicht wund, wenn Ihr Baby gut angelegt ist. Es ist daher nicht nötig, das Neugeborene nach einer bestimmten Zeit von der Brust zu lösen, um die Brustwarzen zu schonen. Genauso wenig sollten Sie das Anlegen mithilfe eines Schnullers, Wasser, Tee oder anderen Ablenkungstechniken hinauszögern, um die Stillintervalle zu verlängern. Dies führt stattdessen dazu, dass Ihr Baby nicht genug Nahrung erhält und Ihre Brüste nicht ausreichend stimuliert werden.

Darüber hinaus können künstliche Sauger Ihr Baby verwirren, während es gerade noch dabei ist, das Andocken und Saugen an Ihren Brüsten zu perfektionieren.

Nutzen Sie jede Gelegenheit Ihr Baby anzulegen. Je öfter es in den ersten Wochen bei Ihnen trinkt, desto mehr Milch werden Sie später haben.

Bedürfnisse müssen befriedigt werden

Wenn Sie das Stillen als Beziehung statt als Ernährungsweise sehen, ist es ohnehin klar, dass es wichtig ist, nach Bedarf zu stillen. Denn Beziehungen lassen sich schließlich generell nicht mit festen Vorgaben zu Zeiten, Dauer und Häufigkeiten führen.

Die Befriedigung von Bedürfnissen kann zwar bei älteren Kindern und Erwachsenen auch gelegentlich auf später verschoben werden. Ihr Baby aber lebt völlig im Hier und Jetzt. Da es noch vollständig von dem Millionen Jahre alten menschlichen Überlebensinstinkt geleitet wird, erwartet es eine liebevolle, prompte Befriedigung seines aktuellen Bedürfnisses. Wenn dies in den ersten Lebensmonaten verlässlich und passend erfolgt, fühlt es sich geliebt und kann sein Urvertrauen entwickeln, das die wesentliche Grundlage für sein späteres Selbstwertgefühl und sein Vertrauen in andere ist. Die Orientierung an den Signalen des Babys – das Stillen nach Bedarf – ist daher die beste Voraussetzung für ein gutes Gedeihen und die Entstehung von Urvertrauen.

Fürchten Sie nicht, Ihr Baby zu verwöhnen, wenn Sie zuverlässig seine Bedürfnisse erfüllen.

Schnuller ja/nein

Saugen ohne zu schlucken ist ein normales Saugmuster an der Brust. Denn das Baby passt sich in seinem Saug- und Schluckmuster dem Milchfluss an und nicht umgekehrt.

Fließt nach dem Milchspendereflex reichlich Milch in seinen Mund, saugt es kontinuierlich mit großen Kieferbewegungen und schluckt hörbar etwa einmal pro Sekunde nach jedem Saugen. Sein Schluckreflex wird ausgelöst, wenn genügend Nahrung den Zungengrund oder die Rachenhinterwand berührt. Da bei einem Stillvorgang mehrere Milchspendereflexe auftreten, kommen diese Trinkphasen meist mehrfach vor und werden *nutritives Saugen* genannt, weil das Baby dabei reichlich Nahrung aufnimmt.

Genauso gibt es immer wieder Phasen, in denen das Baby mit kleinen Kieferbewegungen in doppelter Geschwindigkeit an der Brust saugt. Dabei schluckt es nicht oder nur nach jedem dritten bis vierten Saugen, und pausiert auch hin und wieder, weil gerade (noch) keine oder nur sehr wenig Milch zum Zungengrund transportiert wird. Erst wenn sich genügend Milch im hinteren Mundraum angesammelt hat, wird ein einzelner Schluckreflex ausgelöst.

Dieses normale, *non-nutritive Saugen* ist bis zum Einsetzen des ersten Milchspendereflexes, zwischen zwei Milchspendereflexen und am Ende der Stillsitzung zu beobachten. Es beruhigt, löst den Sättigungsmechanismus aus und könnte zudem der Moment der Umkehrung des Milchflusses in der Brustwarze sein (wie in Kapitel 1 beschrieben), der für die Bildung der Abwehrstoffe gegen Krankheitserreger des Babys sorgt.

Sind allerdings die Phasen des nutritiven Saugens zu gering, schläft das Baby oft an der Brust ein, bevor es satt ist, *und* nimmt es schlecht zu, sollten die Ursachen mithilfe einer Stillberatung gelöst werden.

Achtung Mythos

Ein Baby benutzt die Brust nicht als Ersatz für einen Schnuller. Non-nutritives Saugen ist das normale Saugmuster, während weniger Milch fließt. Es stimuliert einen neuen Milchspendereflex und unterstützt die Verdauungstätigkeit des Babys. Der Saugreflex ist normalerweise an Hunger gekoppelt. Babys, die saugen wollen, brauchen in der Regel Nahrung. Ein Schnuller ist daher nur ein schlechter Ersatz für das Original.

In den ersten Wochen, wenn sich die Milchmenge noch auf den Bedarf des Babys einstellt und das Neugeborene das Saugen an der Brust perfektioniert, kann der Einsatz eines Schnullers diese Prozesse stören.

Wenn Sie einen Schnuller geben möchten, warten Sie bis das Stillen nach vier bis sechs Wochen gut eingespielt ist und Ihr voll gestilltes Baby gut zunimmt. Geben Sie den Schnuller so selten und so kurz wie möglich und nur nachdem es gut getrunken hat, damit Ihr Baby Ihre Brüste weiterhin ausreichend stimuliert und dadurch genug Milch bekommt.

Körperkontakt beruhigt und befriedigt viele Bedürfnisse des Babys

Babys, die viel Körperkontakt haben und nach Bedarf gestillt werden, benötigen meist keinen Schnuller, da ihre Bedürfnisse nach Nähe, Nahrung und Beruhigung an der Brust befriedigt werden. Dagegen brauchen nicht gestillte Babys, häufig zusätzlich noch einen Schnuller zum non-nutritiven Saugen, um sich zu beruhigen und bis zum Einsetzen des Sättigungsgefühls, weil der schnelle Nahrungsfluss vieler Flaschensauger die Dauer der Mahlzeiten verkürzt.

Brüste speichern unterschiedliche Milchmengen

Individuelle Unterschiede der Speicherkapazität in den Brüsten sind ein weiterer Grund, nach Bedarf zu stillen. Die Speicherkapazität ist das maximale Volumen an Milch, das für das Baby in den Brüsten bereitgestellt wird, wenn sie am vollsten sind. Wichtig ist zu wissen, dass die Speicherkapazität nicht von der Brustgröße abhängig ist: Auch kleine Brüste können eine große Speicherkapazität haben, und bei großen Brüsten kann die Speicherkapazität gering sein. Forscher haben unterschiedliche Speicherkapazitäten von 80 ml bis 600 ml gemessen.[40]

Auch wenn Sie eine kleine Speicherkapazität in den Brüsten haben, sind Sie in der Lage, in 24 Stunden genügend Milch zu bilden. Sie müssen allerdings häufig anlegen, zum Beispiel zwölfmal in 24 Stunden, d.h. auch mehrmals in der Nacht. Zudem wird Ihr Baby bei einer Stillsitzung oft beide Brüste trinken wollen.

Bei einer mittleren Speicherkapazität reichen Ihrem Baby wahrscheinlich acht Mahlzeiten in 24 Stunden, davon ein bis zwei in der Nacht. Es wird manchmal an einer und manchmal an beiden Brüsten trinken wollen.

Mit einer großen Speicherkapazität kann Ihr Baby auch mit nur sechs Mahlzeiten in 24 Stunden gut zunehmen. Wahrscheinlich trinkt es meistens nur an einer Brust, ist relativ schnell fertig und schläft vielleicht schon früh nachts eine längere Zeit durch, ohne trinken zu müssen. Wenn das Baby größer wird und mehr trinkt, kann es größere Portionen bekommen und auf diese Weise mit seltenerem Stillen seinen Tagesbedarf weiter decken.

Die meisten Mütter haben unterschiedliche Speicherkapazitäten in den Brüsten. Sieben von zehn Müttern produzieren rechts mehr Milch als links. Zudem kann die Speicherkapazität bei einem weiteren Kind anders sein. So ist sie etwa bei einem männlichen Baby größer als bei einem Mädchen.[41]

Auch wenn Sie bei Ihrem ersten Baby vielleicht nicht genügend Milch hatten, wird Ihre Milchmenge beim nächsten Baby höher sein. Vorausgesetzt, die Zahl der Prolaktinrezeptoren in den Brustdrüsen wird durch häufiges Entleeren der Brüste in den ersten Tagen weiter vermehrt. Nachfolgende Kinder bekommen daher bereits in der ersten Lebenswoche mehr Milch als Erstgeborene.[42]

Stillen Sie nach Bedarf. Ihr Baby passt sich Ihrer Speicherkapazität an, umgekehrt ist es nicht möglich.

Auch nach Ihrem Bedarf stillen

Stillen nach Bedarf ist das Gegenteil von Stillen nach Plan. Richten Sie sich statt nach der Uhr vor allem nach den Signalen des Kindes. Dies bedeutet aber nicht, dass Ihr Bedarf dabei überhaupt keine Rolle spielt.

Natürlich können Sie Ihr Baby auch einmal beim Stillen unterbrechen, um zum Beispiel an die Tür zu gehen, wenn es gerade geklingelt hat. Vielleicht ist Ihr Baby ohnehin in diesem Moment schon zufrieden. Ansonsten legen Sie es anschließend erneut an und stillen weiter. Genauso ist es ganz normal, dass Sie mit einer gewissen Routine auch ganz beiläufig nebenbei stillen können, während Sie noch etwas anderes tun, zum Beispiel selbst essen und trinken, ein Buch lesen oder mit der freien Hand ein Brot für Ihr älteres Kind zubereiten.

Selbstverständlich haben Sie das Recht, Ihr Baby auch nach Ihrem eigenen Bedarf zu stillen. Bieten Sie ihm Ihre Brust an, um sie zu entlasten, wenn sie sehr prall ist. Wahrscheinlich wird es dieses Angebot dankbar annehmen, da seine letzte Mahlzeit vermutlich schon ein paar Stunden zurück liegt.

Ebenso ist es völlig in Ordnung, Ihre Brust anzubieten, wenn Sie aus dem Haus gehen möchten und das Baby für einige Zeit bei Ihrem Partner lassen wollen. Allerdings kann es passieren, dass Ihr Baby die angebotene Brust in diesem Moment nicht möchte. Das ist sein gutes Recht. Denn Babys lassen sich nun einmal nicht zum Saugen an der Brust zwingen, wenn sie dazu nicht bereit sind.

Muttermilch verändert sich beim Stillen

Veränderungen der Stillintervalle hängen auch mit den Inhaltsstoffen der Muttermilch zusammen. Denn Muttermilch ist nicht immer gleich. Zwar bleiben die Inhaltsstoffe immer dieselben, aber ihr Verhältnis zueinander ist veränderlich.

Aus einer vollen Brust erhält das Baby anfangs Milch mit hohen Anteilen Wasser und Laktose und mit relativ geringem Fettanteil. Am Beginn des Stillvorgangs oder wenn es nur kurz trinkt, wird also erst einmal sein Durst gelöscht. Dies ist von der Natur so eingerichtet, weil Menschen ohne ausreichende Flüssigkeitszufuhr nicht lange überleben können. Bei hohen Außentemperaturen oder bei Fieber ist es daher ganz normal, wenn das Baby sehr oft (mehrmals pro Stunde) für kurze Zeit an der Brust trinken möchte. Im Sommer oder bei Krankheit Wasser oder Tee zusätzlich zu geben, ist also unnötig.

Je mehr sich die Brust leert, desto höher steigt ganz allmählich der Fettgehalt der Muttermilch. Diese fetthaltige Milch liefert Kalorien und macht das Baby satt und zufrieden.

Achtung Mythos

Es gibt keine zwei Sorten Muttermilch: eine »schlechte«, dünne und eine »gute«, fette Sorte, die erst nach einer bestimmten Zeit des Saugens plötzlich von der Brust gebildet wird. Die Milch aus einer vollen Brust enthält zur Durstlöschung mehr Wasser, wird die Brust leerer, steigt der Fettgehalt an, der für die Sättigung verantwortlich ist. So ist dafür gesorgt, dass sowohl Durst als auch Hunger an derselben Brust gestillt werden.

Die Brüste produzieren kontinuierlich Milch mit gleichbleibend hohem Fettanteil. Der Fettgehalt der entnommenen Milch hängt allerdings vom Füllungsgrad der Brust ab. Die Fettmoleküle haften an den Innenwänden der Milchdrüsen. Während die Brüste entleert werden, lösen sich die Fette von den Wänden und vermischen sich mit dem wässrigen Anteil der Milch. *Je leerer die Brust wird, desto fetthaltiger ist die Milch.*

Auch im Verlauf eines Tages verändert sich die Milchmenge in den Brüsten. Dementsprechend unterscheidet sich auch der Fettgehalt der Milch bei Beginn einer Entleerung. Nachts und am Vormittag enthalten die Brüste meist mehr Milch, die daher anfangs nicht viel Fett enthält. Nachmittags und abends sind die Brüste leerer, dafür bekommt das Baby gleich zu Beginn fetthaltigere Milch.

Muttermilch beim Stillen in »Vormilch« und »Hintermilch« zu unterscheiden, ist irreführend. Fachleute bezeichnen so lediglich Milchproben aus der Brust, die jeweils vor und nachdem das Baby getrunken hat, entnommen werden können. Wird also an einer leereren Brust angelegt, hat die »Vormilch« bereits einen hohen Fettgehalt. Aus einer vollen Brust, die beim Stillen nur wenig geleert wurde, enthält auch die »Hintermilch« nicht viel Fett.

Die Dauer des Saugens an der Brust und die getrunkenen Milliliter sagen nichts über den Kalorien- oder Fettgehalt der getrunkenen Muttermilch. Das Entscheidende ist die gute Entleerung der Brust.

Eine oder zwei Brüste geben

In den ersten Tagen ist es am besten, Ihr Neugeborenes jedes Mal an beiden Seiten saugen zu lassen oder sogar noch öfter die Seiten zu wechseln. Auf diese Weise erhält es mehr Kolostrum und stimuliert Ihre Brüste häufiger.

Wenn Ihre Milchmenge nach den ersten Tagen angestiegen ist, kommt es auf die gute Entleerung an und hängt von Ihrer Speicherkapazität und dem Hunger Ihres Babys ab, ob es eine oder zwei Brüste trinkt. Sie müssen also nicht auf die Uhr schauen, um Ihr Baby nach einer bestimmten Zeit von der ersten Brust abzu-

Saugen und Fette machen satt

Das Saugen an der Brust aktiviert über den Vagus-Nerv die Ausschüttung des Hormons Cholezystokinin (CKK) im Dünndarm. Zehn Minuten nach Beginn des Saugens sinkt der CKK-Wert im Blut jedoch wieder ab. Danach meldet die zunehmende Magenfüllung dem Sättigungszentrum im Gehirn die Nahrungsaufnahme. Aber erst, wenn im oberen Teil des Dünndarms auch ausreichende Nährstoffmengen, vor allem Fette, eintreffen, wird dort erneut vermehrt CKK ausgeschüttet und es entsteht ein länger anhaltendes Sättigungsgefühl, das Ihr Baby dann ruhig und schläfrig macht.[43]

lösen, damit es noch die zweite nimmt. Zudem müssen Sie es sich nicht notieren oder im BH markieren, an welcher Seite Ihr Baby zuletzt getrunken hat.
Legen Sie Ihr Baby, wenn es sehr hungrig oder durstig ist, an die tastbar vollere Brust an und lassen Sie es dort trinken, solange es mag.

Schauen Sie nicht auf die Uhr, sondern achten Sie auf das Schlucken Ihres Babys. Solange es an der Brust noch schluckt, lassen Sie es, wo es ist.

Es sollte die erste Brust gut austrinken können, um genügend fetthaltige Milch zu erhalten. Die zweite Brust *kann* es anschließend noch bekommen, solange es mag, muss es aber nicht.
Wenn Ihr Baby sich meldet, aber noch nicht allzu hungrig ist, können Sie es auch noch einmal an die leerere Brust anlegen. Dort kann es gemütlich saugen und bekommt zugleich eine kalorienhaltige Zwischenmahlzeit.

Wechseln Sie die Brüste, wenn Sie das Gefühl haben, dass die erste Seite nun gut geleert ist.

Wenn Sie viel Milch und einen starken Milchspendereflex haben, kann es nötig sein, das Baby mehrmals hintereinander an dieselbe Seite anzulegen, bis diese gut entleert ist.
Je nachdem, wie voll Ihre Brust gerade ist, können Sie eine oder zwei Seiten geben oder auch noch öfter hin und her wechseln.
Das klingt Ihnen zu einfach? Zu wenig kontrollierbar? – Aber Stillen ist in Wahrheit ganz einfach und unkompliziert. Denken Sie einfach nur an die Säugetiermütter, die ihre Jungen ohne Regeln, Uhren und Vorschriften schon seit ewigen Zeiten erfolgreich ernähren.

Machen Sie sich nicht so viele Gedanken. Stillen Sie einfach nach Gefühl. Seien Sie flexibel und schauen Sie, was für Sie beide passt und funktioniert.

Der Rhythmus kommt vom Kind

Oft wird erwartet, dass ein Baby nach einigen Wochen einen festen Rhythmus beim Stillen hat, zum Beispiel bei acht Mahlzeiten in 24 Stunden möglichst alle drei Stunden trinkt. Solche Babys gibt es zwar, aber sie sind nicht die Regel.
Babys verteilen ihre Stillintervalle normalerweise nicht gleichmäßig über 24 Stunden. Als Stillintervall bezeichnet man die Dauer vom Beginn einer Stillsitzung bis zum Beginn der nächsten Stillsitzung. Die meisten Babys verlangen nachts und vormittags seltener,

nachmittags öfter und abends sehr oft nach der Brust (Stichwort: Clusterfeeding). Das hat auch mit dem Fettgehalt der Milch zu tun.

Trinkt das Baby nicht in regelmäßigen Abständen, denken Mütter oft, sie müssten ihr Baby an einen »richtigen« Rhythmus gewöhnen. Ihr Baby hat aber schon einen ganz normalen Rhythmus, wenn die Tage mit ihm jeweils ähnlich verlaufen. Sie können und sollten daran nichts verändern. Vielleicht verändert der Rhythmus sich von alleine, wenn Ihr Baby älter wird. Vielleicht bleibt er auch so.

Vertrauen Sie Ihrem Baby. Stillen Sie nach Bedarf und legen Sie es an, wenn es danach verlangt.
Stellen Sie Ihre Tagesplanung auf den Rhythmus Ihres Babys ein.

Legen Sie Termine und Aktivitäten, für die Sie etwas Zeit und Ruhe benötigen, auf den Vormittag, bereiten Sie zum Beispiel das Abendessen bereits am Vormittag vor.

Phasen des häufigen Stillens sind normal

Ihr Baby macht im ersten Lebensjahr mehrere Schübe körperlichen Wachstums durch. In diesen Phasen ist es meist unzufriedener als sonst und verlangt deutlich öfter nach der Brust.

Auch wenn es gerade einen Entwicklungsmeilenstein absolviert, also eine neue Fähigkeit entdeckt, wie zum Beispiel sich Drehen, Robben, Krabbeln, Laufen oder Sprechen, ist sein Bedürfnis nach Muttermilch und körperlicher Nähe vorübergehend gesteigert. Stillen versorgt eben nicht nur seinen Körper, sondern auch sein Gehirn und seine Seele mit »Nahrung«.

Gewöhnlich kehrt das Baby nach drei bis sieben Tagen wieder zu seinem früheren Verhalten zurück.

Diese Wachstums- und Entwicklungsschübe treten typischerweise im Alter von 7–10 Tagen, 2–3 Wochen, 4–6 Wochen, 3 Monaten, 4 Monaten, 6 Monaten und etwa 9 Monaten auf. Auch nach dem 1. Lebensjahr kommt es alle paar Monate zu weiteren Wachstums- und Entwicklungsschüben. Da jedes Baby sich in seinem ganz eigenen Tempo entwickelt, können sie aber auch zu anderen Zeiten erfolgen und nahezu ohne Unterbrechung ineinander übergehen.

In diesen Phasen ist es am besten, wenn Sie sich von Ihrem Baby führen lassen. Stillen Sie es, wenn es danach verlangt.

Durch das häufigere Stillen erhält es unmittelbar mehr Muttermilch und regt zusätzliche Ihre Milchproduktion an.

Vertrauen Sie auf Ihre Fähigkeit, mehr Milch zu bilden. Dabei gilt: Die Nachfrage regelt das Angebot. Je öfter die Brüste entleert werden, desto schneller bilden sie neue Milch nach.

Wenn Sie Ihrem Kind in diesen Phasen Flaschennahrung oder einen Schnuller anbieten, um die Abstände wieder zu vergrößern, bekommt Ihr Körper nicht das Signal, die Milchproduktion dem gestiegenen Bedarf des Babys anzupassen. Dann reicht Ihre Milch tatsächlich bald nicht mehr.

Wahrscheinlich verspüren Sie selbst auch mehr Hunger und Durst, wenn Ihr Baby öfter gestillt werden möchte. Hören Sie auf Ihren Körper und geben Sie ihm, wonach er verlangt.

Die Regelung der Milchproduktion

Im Brustdrüsengewebe wird rund um die Uhr kontinuierlich Muttermilch produziert, allerdings variiert die Produktionsgeschwindigkeit erheblich. Dabei regelt die Fülle der Brust die Produktionsrate: Je voller die Brust ist, desto langsamer wird die Milch produziert, bis sie schließlich ganz aufhört. Und umgekehrt: Neue Milch wird umso schneller gebildet, je leerer die Brust ist.

Achtung Mythos

Es stimmt nicht, dass die meiste Milch während des Stillens gebildet wird. Sie wird in der leeren Brust nur schneller gebildet. Die Bildung größerer Mengen braucht trotzdem eine gewisse Zeit. In einer leeren Brust werden in 60 Minuten etwa 58 ml Muttermilch gebildet.

Die größte Menge der in der Brust befindlichen Milch bekommt Ihr Baby bereits mit dem ersten Milchspendereflex, der gewöhnlich auch der stärkste ist.[44] Viele Mütter können daher ihren ersten Milchspendereflex spüren. Nur wenige bemerken auch die nachfolgenden Milchspendereflexe; in der Regel sind es noch zwei bis drei und mehr. Ein Milchspendereflex dauert durchschnittlich etwa zwei Minuten und tritt an beiden Seiten gleichzeitig auf. Wenn er einsetzt, verspüren Sie vielleicht ein Kribbeln, Ziehen, Stechen oder Drücken in den Brüsten. Gleichzeitig beginnt Ihr Baby langsamer zu saugen und hörbar zu schlucken, die Milch tropft aus der zweiten Brust und Sie bekommen Durst. In der ersten Zeit nach der Geburt können Sie auch spüren, wie Ihre Gebärmutter sich zusammenzieht.

Sie müssen also nicht warten, bis sich Ihre Brüste nach mehreren Stunden wieder voll anfühlen, um Ihr Baby anzulegen, sondern können es erneut anlegen, auch wenn es schon nach kurzer Zeit wieder danach verlangt. Selbst wenn sich Ihre Brüste nicht voll anfühlen, produzieren sie gerade eifrig neue Milch, die auch schon bereitsteht, um getrunken zu werden. Und je voller sie werden, desto langsamer wird produziert. Je öfter Ihre Brüste gut geleert werden, desto mehr Milch wird im Verlauf des Tages gebildet. Die Nachfrage regelt das Angebot.

Leeren Sie Ihre Brüste in kurzen Abständen immer wieder gut, wenn Sie Ihre Milchmenge steigern möchten.

7
Mit dem Stillbaby leben

In den ersten Wochen haben Sie vielleicht manchmal das Gefühl, es wäre einfacher, Ihr Baby mit der Flasche zu ernähren, als es zu stillen. Sobald Sie aber das gute Anlegen erlernt haben und sicher sind, dass Ihr Baby genug Muttermilch bekommt, werden Sie feststellen, wie einfach und unkompliziert Stillen eigentlich ist. Sie denken nun nicht mehr über das Wie und Wann des Stillens nach, sondern können entspannt Ihrem neuen Alltag mit Baby nachgehen und stillen einfach, wann und wo auch immer es erforderlich ist.

Oft erhalten Sie nun allerdings von allen Seiten Ratschläge zum »richtigen« Verhalten in der Stillzeit oder zum »richtigen« Umgang mit dem Baby, ganz gleich, ob Sie darum gebeten haben oder nicht. Um sich davon nicht verunsichern lassen, ist es hilfreich, sich schon vorher gut über Ammenmärchen und Mythen zu informieren.

Liebevoller Umgang mit dem Baby fühlt sich gut und richtig an

Mit Ratschlägen von Dritten umgehen

Prüfen Sie Vorschläge und Empfehlungen von anderen, indem Sie sich diese drei Fragen stellen:

1. Ist es sicher?
2. Ist es liebevoll und einfühlsam?
3. Fühlt es sich richtig an?

Lauten Ihre Antworten dreimal »Ja«, sind Sie auf dem richtigen Weg. Weiter so!
Können Sie nicht alle Fragen aus ganzem Herzen bejahen, dann suchen Sie nach Alternativen, bis Sie dreimal mit »Ja« antworten können.

Bevor Sie Tipps oder Warnungen von anderen an- und übernehmen, spüren Sie in sich hinein, was Ihr Bauchgefühl oder Ihr Herz zu diesem Gedanken sagt. Wenn Sie auch nur den Hauch eines schlechten Gefühls haben und selbst, wenn Sie nicht einmal genau benennen können, was Ihnen »Bauchschmerzen« bereitet, nehmen Sie dieses Gefühl ernst. Treffen Sie für das Leben mit Ihrem Baby nur solche Entscheidungen, die sich für *Sie* wirklich gut anfühlen und Ihnen und Ihrem Baby keinen Stress bereiten.

Gute Unterstützung organisieren

Ihr Partner ist Ihr wichtigster Unterstützer für die Stillzeit. Ohne seine Unterstützung ist es sehr schwer, wenn nicht gar unmöglich, Ihre Ziele zu erreichen.
Entscheiden Sie zusammen, dass Ihr gemeinsames Kind gestillt werden soll. Ist Ihr Partner ebenfalls gut über die Bedeutung und die Praxis des Stillens sowie über die gängigen Ammenmärchen informiert, kann er Sie im Alltag optimal begleiten und auch in schwierigen Phasen bestärken.
Die Befürchtung, er könne keine eigene Beziehung zu seinem Kind aufbauen, solange es die intensive Stillbeziehung zu Ihnen hat, ist unbegründet. Wenn er dazu bereit ist und sich die Zeit dafür nimmt, kann er tatsächlich *alles* machen, was mit dem Baby gemacht werden kann, außer stillen. Er kann eine Vater-Kind-Beziehung aufbauen, indem er zum Beispiel das Windelwechseln übernimmt und dies zu einer besonderen Kuschel- und Spielzeit macht. Er kann das Baby in einer Tragehilfe am Körper tragen, mit ihm gemeinsam baden oder duschen und vieles mehr. Nachdem sich das Stillen eingespielt hat, kann er dem Baby abgepumpte Muttermilch füttern, während Sie für ein paar Stunden allein unterwegs sind.

Vater und Baby bauen ihre eigene Beziehung zueinander auf

Während Sie stillen, kann er Ihnen ein Getränk bringen, das Telefon beantworten oder sich um die älteren Geschwister kümmern. Braucht Ihr Kleines mal wieder genau dann die Brust, wenn Sie selbst essen möchten, kann er Ihnen die Speisen klein schneiden und Sie damit füttern. Und er kann sich auch einfach neben Sie setzen und mit Ihnen gemeinsam Ihr Baby an der Brust beobachten.

Auch wenn sich jetzt fast alles nur noch um Ihr gemeinsames Kind dreht, vergessen Sie nicht, Ihre Paarbeziehung weiter aktiv zu pflegen. Bleiben Sie im Gespräch miteinander. Tauschen Sie sich über Ihre Gedanken, Gefühle und Erfahrungen aus. Führen Sie liebevolle verbindende Rituale ein. Organisieren Sie sich so bald wie möglich wieder Auszeiten als Paar, indem Sie Ihr Kind für ein paar Stunden von einer vertrauten Person, etwa der Oma oder einem Babysitter, betreuen lassen.

Wenn Sie länger als allgemein üblich stillen, ist es besonders wichtig, dass Ihr Partner dies mitträgt und sich auch bei Kritik oder negativen Kommentaren solidarisch vor Sie und Ihr Kind stellt.

Lassen Sie sich helfen

Mit einem Baby zu leben ist eine Rund-um-die-Uhr-Aufgabe. Das ist Ihnen sicher bewusst. Aber was es tatsächlich bedeutet, 24 Stunden am Tag sieben Tage die Woche für einen anderen Menschen verantwortlich zu sein und wie ein Neugeborenes zwei Erwachsene komplett beschäftigen kann, hat auch mich nach der Geburt meines Sohnes ordentlich überrascht.

Nach einigen Monaten lässt dieser Ausnahmezustand wieder nach, aber das Gefühl, ständig verfügbar sein zu müssen und Ihren Tagesablauf häufig unterbrechen zu müssen, bleibt noch für lange Zeit normal.

»Um ein Kind großzuziehen, braucht es ein ganzes Dorf.« Machen Sie sich dieses afrikanische Sprichwort zum Leitsatz und organisieren Sie sich schon vor der Geburt größtmögliche Unterstützung für Ihr Leben mit dem Neugeborenen durch Ihr »Dorf«. Sie brauchen jetzt Zeit und Ruhe, um Ihr Baby kennenzulernen und in Ihre neue Rolle hineinzuwachsen.

Gönnen Sie sich regelrechte »Flitterwochen« zu dritt, in denen Sie alles andere auf das Nötigste reduzieren.

Wichtig ist daher vor allem Entlastung im Haushalt, beim Einkaufen, Kochen, Wäsche machen und so weiter.

Bitten Sie Ihre Besucher als Geschenk zur Geburt eine fertig gekochte Mahlzeit für Sie mitzubringen, die Sie sich nur aufwärmen müssen.

Nehmen Sie von Anfang an alle Hilfsangebote dankbar an und bitten Sie andere auch selbst um Hilfe. Leisten Sie sich gegebenenfalls auch bezahlte Hilfskräfte, eine Putzfrau, einen Einkaufsdienst oder ein Abonnement bei Essen-auf-Rädern oder bei einem Obst- und Gemüselieferservice.

Sollten Sie zu Beginn der Stillzeit oder später Stillprobleme haben, zögern Sie nicht lange und suchen Sie sich kompetente Hilfe.

Wählen Sie gute Vorbilder

Intuitiver Umgang mit dem Baby ist teilweise angeboren und wird zum Teil gelernt. Wenn Sie selbst erfolgreich gestillt wurden, haben Sie in Ihrer eigenen Mutter – und möglicherweise auch in Ihrer Schwiegermutter – sehr wahrscheinlich gute Vorbilder und Unterstützerinnen in Ihrem direkten Umfeld.

Ist dies nicht der Fall, was heute leider durchaus öfter vorkommt, machen Sie sich auf die Suche. Vorbild für Sie können sein: eine Freundin, eine Nachbarin, eine Arbeitskollegin oder Ihre Hebamme, eine Stillberaterin oder auch die Leiterin einer Babygruppe. Wenn Sie nur *eine* Frau mit positiver Stillerfahrung finden, der Sie vertrauen können, ist dies für Sie ungemein wertvoll.

Löchern Sie sie am besten bereits während Ihrer Schwangerschaft mit Ihren Fragen und scheuen Sie sich auch später nicht, ihren Rat einzuholen. Achten Sie aber bei der Umsetzung möglicher Ratschläge unbedingt auf Ihr eigenes Gefühl.

Finden Sie Gleichgesinnte

Haben Sie in Ihrem Umfeld andere Mütter, die ebenfalls gerade stillen? Wunderbar. Sicher gibt es in den Gruppen, an denen Sie nun teilnehmen, wie etwa

Stillgruppen bieten Kontakt und Austausch mit Gleichgesinnten

Ihrem Kurs zur Geburtsvorbereitung, Rückbildung, Babymassage und dergleichen, mehrere Mütter, die mit Ihnen auf einer Wellenlänge sind. Nutzen Sie diese Kontakte für den persönlichen Austausch über das Leben mit dem Baby und die gegenseitige Rückenstärkung.

Auch Stillgruppen, wie sie von vielen Kliniken, Hebammenpraxen und Stillberaterinnen angeboten werden, sind eine gute Anlaufstelle, um einer kompetenten Stillfachfrau Ihre Fragen stellen zu können, in Ihrem Tun bestärkt zu werden und neue Freundschaften zu knüpfen.

Hilfreich in Ihrer neuen Lebenssituation sind auch Kontakte über das Internet. Hier gibt es zahlreiche Foren und Gruppen für Mütter, denen Sie beitreten können, um Erfahrungen auszutauschen und allgemeine Fragen zu diskutieren. Vielleicht lassen sich dort auch Bekanntschaften in Ihrer Nähe aufbauen. Denn der Live-Kontakt mit Gleichgesinnten ist durch E-Mail, Twitter, Facebook & Co nicht zu ersetzen.

Die Nächte mit dem Stillkind

Babys schlafen anders als Erwachsene. Ihre Schlafzyklen sind kürzer und häufiger. Sie verbringen zudem mehr Zeit in Leichtschlaf-Phasen und wachen zwischen verschiedenen Schlafstadien öfter kurz auf. Dieses für Babys normale Schlafmuster fördert ihr Gehirnwachstum und ihre körperliche Entwicklung. Darüber hinaus sichert es ihr Überleben, da sie in gefährlichen Situationen, wie etwa bei Hunger, Nässe, Unbehagen oder Schmerz, leichter erwachen können.

Auch nächtliches Stillen ist für viele Monate normal. Das nächtliche Verhalten der Babys wird von mehreren Faktoren bestimmt. Wegen ihres kleinen Magens brauchen sie viele kleine Mahlzeiten – Tag und Nacht.

Aber auch ältere Babys und Kleinkinder wachen oft noch mehrmals in der Nacht auf und verlangen nach der Brust, zum Beispiel, weil sie Hunger haben, Nähe brauchen, Zahnungsbeschwerden haben oder gerade einen Entwicklungssprung verarbeiten.

Die biologische Uhr eines Babys, die später seinen Schlaf-Wach-Rhythmus steuert, beginnt erst mit sechs bis neun Wochen zu reifen. Wenn das Baby etwa vier bis fünf Monate alt ist, sorgt diese innere Uhr dafür, dass es tagsüber überwiegend wach ist und in der Nacht die meiste Zeit schläft. Etwa mit neun bis zehn Monaten hat sich sein Rhythmus so weit gefestigt, dass es jeden Tag etwa zur gleichen Zeit aufwacht und einschläft und seine Schlafphasen länger sind.

Mit zunehmender Reife ist das Baby auch fähig, längere Phasen ohne Mahlzeit auszukommen. Schläft es fünf Stunden ohne Unterbrechung, spricht man vom *Durchschlafen.* Wann dieser 5-Stunden-Meilenstein der körperlichen Entwicklung erreicht ist, ist individuell sehr unterschiedlich, ebenso wie bei anderen Meilensteinen, etwa dem freien Laufen oder Sprechen. Sie sind als Eltern nicht dafür verantwortlich und können es auch nicht beschleunigen.

Einige Babys schlafen schon mit wenigen Wochen fünf Stunden am Stück durch. Dies ist aber nicht die Regel, und meist ändert es sich auch nach einiger Zeit wieder, wenn das Baby älter wird und sich weiterentwickelt. Auch dies geschieht, ohne dass Sie darauf einen großen Einfluss haben.

Achtung Mythos

Es gibt keine wissenschaftlichen Belege dafür, dass eine extra Flasche mit Säuglingsnahrung oder Beikost am Abend die Schlafphase des Babys verlängern. Stattdessen kann die unnötige Zufütterung mit der Flasche oder zu frühes Füttern von Beikost sogar nächtliche Verdauungsprobleme verursachen, die Milchmenge reduzieren und damit zu einem ungewollten vorzeitigen Abstillen führen.

Fast alle Eltern kleiner Kinder klagen über zu wenig Schlaf, häufig wird dafür das nächtliche Stillen verantwortlich gemacht. Studien haben aber gezeigt, dass Eltern eines gestillten Babys gewöhnlich mehr Schlaf bekommen als Eltern eines nicht gestillten oder abends extra mit Säuglingsnahrung gefütterten Babys. Nach vier Wochen waren es durchschnittlich 30 Minuten mehr pro Nacht[45], nach drei Monaten durchschnittlich 40–45 Minuten mehr.[46] Insgesamt ergibt dies allein in den ersten drei Monaten ein Plus von etwa 60 Stunden Schlaf. Es ist also wissenschaftlich erwiesen: Wenn Sie stillen, finden Sie in der Regel in der Nacht mehr Ruhe, als wenn Sie mit der Flasche füttern, auch wenn die landläufige Meinung meist vom Gegenteil ausgeht.

Schlafen Sie nah beieinander

Stillen und gemeinsames Schlafen gehören zusammen.[47] Schlafen Sie während der Stillzeit auch nachts mit Ihrem Kind im selben Raum. Innerhalb von wenigen Tagen nach der Geburt, meist binnen der ersten 72 Stunden, passt sich beim gemeinsamen Schlafen im selben Raum, auch *Co-Sleeping* genannt, Ihr Schlafrhythmus dem Ihres gestillten Babys an. Ihre Schlafphasen verlaufen dann nahezu parallel, sodass Sie nie von Ihrem hungrig schreienden Baby aus dem Tiefschlaf geweckt werden. Stattdessen werden Sie bereits wach, wenn es anfängt unruhiger zu schlafen und können es noch im Halbschlaf direkt anlegen. Sie schlafen dann auch beide nach dem Stillen schneller wieder ein.

Co-Sleeping ist auf viele Arten möglich: Sie alle schlafen zusammen im sicheren Familienbett, Ihr Baby schläft in einem angebauten offenen Balkonbettchen oder in einem freistehenden Babybett direkt neben Ihrem Bett. Es kann auch die erste Nachthälfte in seinem Bett und in der zweiten Hälfte mit Ihnen im Bett schlafen. Entscheiden Sie gemeinsam mit Ihrem Partner, welches der richtige Weg für Sie ist und schauen Sie dann, wie es funktioniert. Es gilt einen Weg zu finden, der den Bedürfnissen aller gerecht wird und Ihnen allen den meisten Schlaf ermöglicht. Richten Sie sich auch hier am besten nach Ihrem Gefühl und nach Ihrem Baby.

So schläft Ihr Baby sicher

Achten Sie immer – in der Nacht und auch wenn Sie Ihr Baby tagsüber zum Schlafen hinlegen – auf die Sicherheit seines Schlafplatzes:

- Das Baby sollte zum Schlafen auf den Rücken gelegt werden.
- Es sollte auf einer festen Unterlage liegen. Kein Wasserbett, Luftmatratze, Sofa, Sitzsack, Stillkissen, Kopf-

kissen, Fell oder eine andere weiche Unterlage.

- Keine Lücken oder Spalten zwischen Matratze und Wand oder Kopf- und Fußteil des Bettes, in die es hineinrutschen könnte.
- Keine losen Laken, Bezüge, Stofftiere, Nestchen, Kissen, Decken oder Tücher im Bett, die sein Gesicht bedecken könnten. Ihr Baby braucht keine eigene Decke oder Kissen. Der Babyschlafsack reicht aus.
- Keine ins Bett hängenden Gardinen, Schnüre, Kabel oder ähnliches, in denen es sich verfangen könnte.
- Vermeiden Sie Überwärmung. Das Baby trägt am besten einen der Jahreszeit angemessenen Babyschlafsack in passender Größe. Auch Pucken[48] kann zur Überwärmung führen. Ideale Raumtemperatur zum Schlafen ist 16–18°C.
- Haustiere wie Hunde oder Katzen gehören nicht ins Babybett.

Viele Eltern entscheiden sich heute wieder für ein Familienbett, da sie spüren, dass ihr Baby besonders auch in der Nacht ihre Nähe braucht, um sich sicher zu fühlen und gut zu schlafen. Auch die meisten Mütter möchten es nachts ganz nah bei sich haben. Manche fürchten allerdings, ihr Baby dabei zu gefährden.

Im Familienbett schützen Mütter ihr Baby instinktiv mit ihrem Körper

Wissenschaftler haben jedoch festgestellt, dass stillende Mütter ihr Baby beim gemeinsamen Schlafen instinktiv mit ihrem Körper vor Kälte, Hitze, Bettdecken und anderen Bettgenossen schützen. Sie liegen meist zu dem Baby gewandt mit angewinkelten Beinen stabil auf der Seite. Ihr unterer Arm liegt dabei etwas oberhalb des Köpfchens auf der Matratze. Das Baby liegt überwiegend zur Mutter gedreht oder auf dem Rücken, ungefähr 20 bis 30 cm von ihrem Körper entfernt, sein Kopf befindet sich auf Höhe ihrer Brüste.[49]

Wie stark dieser Schutzinstinkt ist, habe ich sehr deutlich gemerkt, als ich über viele Monate meinem Sohn nachts im Familienbett nicht den Rücken zuwenden konnte, da ich mich einfach nicht wohl gefühlt habe, wenn ich ihn nicht sehen oder berühren konnte.

Nicht für alle Familien ist ein Familienbett das Richtige. Aber fast alle Babys schlafen in den ersten Wochen und Monaten zumindest zeitweilig nur im Körperkontakt gut. Aus Angst, es mit ins eigene Bett zu nehmen, landen übermüdete Eltern mit ihrem Baby dann oft auf einem Sofa oder einem Sessel. Schlafen sie dort ein, ist das Risiko für das Baby jedoch sehr viel höher als in einem sicheren Familienbett.

Neben den allgemeinen Empfehlungen für den sicheren Babyschlaf gelten für das Familienbett folgende Regeln:

Schlafen Sie nicht mit Ihrem Baby, wenn …

- Sie oder Ihr Partner dies nicht möchten;
- Ihr Partner nicht weiß, dass das Baby mit im Bett ist;
- einer von Ihnen Raucher ist;
- einer von Ihnen Alkohol, Schlafmittel oder Drogen konsumiert hat;
- einer von Ihnen durch Krankheit, extreme Übermüdung oder einen anderen körperlichen Zustand nicht in der Lage ist, auf das Baby zu reagieren;
- Sie ein kleines Frühgeborenes oder Neugeborenes mit sehr geringem Geburtsgewicht haben;
- Ihr Bett Gitterstäbe oder Öffnungen hat, durch die das Baby seinen Kopf stecken und sich verklemmen könnte;
- es aus einem hohen, ungesicherten Bett auf einen harten Fußboden stürzen könnte;
- Geschwisterkinder oder andere nicht stillende Personen direkt neben dem Baby schlafen, da sie einen tieferen Schlaf haben und das Baby gefährden könnten.

Machen Sie sich die Nächte leichter

Stillen Sie Ihr Baby nachts, während Sie in Ihrem Bett liegen – entweder mit leicht erhöhtem Oberkörper bequem auf dem Rücken oder in der Seitenlage. Das ist weniger anstrengend, als sich zum Stillen hinzusetzen und womöglich dazu noch in einen anderen Raum wechseln zu müssen.

Möchten Sie in der Seitenlage Ihrem Baby noch die zweite Brust geben, können Sie es eng an sich gedrückt halten und sich mit Baby auf Ihrem Körper von der ersten Seite auf den Rücken und von dort weiter auf die andere Seite drehen. Das geht schneller und ist einfacher, als sich und Ihr Baby separat umzubetten oder selbst über das Baby auf die andere Seite zu klettern.

Sie können auch beide Brüste in derselben Seitenlage geben. Neigen Sie für die obere Brust Ihren Körper nur etwas mehr zu Ihrem Baby hin und drehen Sie es vielleicht etwas mehr auf den Rücken, damit es auch die zweite Brust gut erreichen kann.

Machen Sie es sich grundsätzlich beim Stillen so bequem wie möglich, damit Sie sich dabei entspannen und ausruhen können. Stillen Sie während des Tages mindestens einmal im Liegen, zum Beispiel um die Mittagszeit oder wenn Sie tagsüber am müdesten sind. Bleiben Sie anschließend liegen, dösen Sie etwas, hören Sie Musik oder tun Sie, was immer Ihnen guttut und eine kleine Erholung ermöglicht. Das einmalige Liegen und Ruhen am Tag führt dazu, dass Sie das nächtliche Stillen weniger anstrengt.

Wecken Sie Ihr Baby zum Stillen, wenn Sie selbst ins Bett gehen und das letzte Stillen schon einige Stunden her ist. So ist es unwahrscheinlicher, dass es Sie weckt, kurz nachdem Sie gerade eingeschlafen ist, weil es wieder Hunger hat.

Schlafen Sie, wenn Ihr Baby schläft. Schlafen Sie zum Beispiel morgens gemeinsam länger aus. Gehen Sie gelegentlich zur selben Zeit ins Bett wie Ihr Baby. Die erste Schlafphase nach dem abendlichen »Still-Marathon« ist gewöhnlich die längste, also nutzen Sie diese Möglichkeit, um selbst wieder einmal mehrere Stunden am Stück zu schlafen. Denn in der zweiten Nachthälfte wachen Babys meistens häufiger auf.

Nächtliche Unterbrechungen des Schlafs müssen keine negativen Folgen nach sich ziehen, solange Sie insgesamt auf eine ausreichende Schlafdauer kommen. Schauen Sie in der Nacht nicht auf die Uhr und zählen Sie nicht, wie oft Sie stillen. Damit erzeugen Sie sich nur selbst Stress und verhindern eventuell sogar das Wiedereinschlafen.

Einschlafen an der Brust

Die meisten Babys schlafen gern und häufig an der Brust ein. Denn Stillen beruhigt, entspannt und unterstützt das Einschlafen. Das liegt zum einen am Körperkontakt, der zur Ausschüttung von Oxytocin führt, das sedierend und Stress reduzierend wirkt. Zudem wird beim Saugen und durch die Fettaufnahme im Darm das Hormon Cholecystokinin (CKK) ausgeschüttet, welches für das Sättigungsgefühl im Gehirn verantwortlich ist und Müdigkeit und Schlaf auslöst. Zum anderen enthält die Muttermilch selbst abends und nachts zusätzlich besonders viele schlaffördernde Inhaltsstoffe, die bereits in Kapitel 1 erwähnten Hormone, Aminosäuren und Nukleotide.

Sie bringen Ihrem Baby also keine schlechte Angewohnheit bei, indem Sie es stillen, wenn es müde oder überreizt ist und nach der Brust verlangt, sondern nutzen lediglich das, was die Natur genau für diesen Zweck vorgesehen hat. Wenn Sie es von der Brust lösen, nachdem es eingeschlafen ist oder kurz bevor es einschläft, gewöhnen Sie ihm auch nicht an, nur mit der Brust im Mund zu schlafen.

Wenn Sie alle mit Ihrer Schlafsituation zufrieden sind und gut zurechtkommen, gibt es keinen Grund, etwas daran zu ändern. Auch wenn Ihnen andere sagen, dass dies wichtig wäre, weil Ihr Kind sonst zum Beispiel nie lernen würde, allein ein- oder durchzuschlafen. Die Erfahrung hat gezeigt, dass alle Kinder früher oder später diese Entwicklungsschritte machen. Warum sollten Sie es

Die Inhaltsstoffe der Muttermilch und das Saugen beruhigen und unterstützen das Einschlafen

sich und ihm jetzt unnötig schwermachen, wenn der richtige Zeitpunkt dafür noch nicht gekommen ist?

Ihre Ernährung in der Stillzeit

Sich in der Stillzeit gut zu ernähren, ist nicht so schwierig, wie es den Anschein hat, wenn man sich mit den vielen weit verbreiteten Ernährungsregeln konfrontiert sieht. *Essen Sie weiter gesund und folgen Sie dabei Ihrem Appetit und Ihrem Hungergefühl.*

Das Stillen erhöht Ihren täglichen Energiebedarf um circa 630 kcal. Diesen Mehrbedarf müssen Sie aber nicht vollständig mit der Nahrung aufnehmen. Denn Ihr Körper hat bereits in der Schwangerschaft etwa zweieinhalb Kilo zusätzliche Fettreserven für die Stillzeit angelegt.

Bei einer regelmäßigen, abwechslungsreichen, ausgewogenen und gesunden Ernährung reichen am Tag circa 200–300 kcal (850–1250 kJ) extra, um mit der Nahrung genügend Energie und alle benötigten Nährstoffe zu sich zu nehmen. Das ist nicht allzu viel, denn 250 kcal entsprechen etwa einer Scheibe Vollkornbrot mit Käse.

Eine ausgewogene Ernährung deckt auch Ihren Mehrbedarf an Mineralstoffen und Vitaminen in der Stillzeit – mit Ausnahme von Jod. Da Deutschland als Jodmangelgebiet gilt, wird Stillenden geraten, täglich Milch und Milchprodukte sowie ein- bis zweimal pro Woche fettreichen Seefisch zu essen, jodiertes Speisesalz zu verwenden und zusätzlich pro Tag 100 µg Jod in Tablettenform einzunehmen.[50] Weil unsere Nahrung insgesamt sehr wenig Vitamin D enthält und die direkte Sonnenstrahlung im Winterhalbjahr nicht ausreicht, um genug Vitamin D in der Haut zu bilden, empfehlen Fachleute in der Stillzeit zusätzlich pro Tag 1000–2000 IE (25–50 µg) Vitamin D einzunehmen.[51]

Sie haben in der Stillzeit keinen erhöhten Kalziumbedarf. Nur falls Sie auf tierische Nahrungsmittel komplett verzichten, sollten Sie Ihre Nahrung mit Vitamin B12- und Kalziumpräparaten ergänzen, da diese Mikronährstoffe bei veganer Ernährung nicht ausreichend aufgenommen werden können.

Achtung Mythos

Es stimmt nicht, dass Stillen die Mutter auszehrt. Im Gegenteil: Je länger eine Mutter stillt, desto größer sind die gesundheitlichen Vorteile für sie. Der weibliche Körper ist auf jahrelanges Stillen eingestellt.

Denn Stillen an sich ist nicht anstrengend. Das Leben mit einem Baby ist manchmal anstrengend, egal wie es ernährt wird. Stillen in entspannter Position stellt daher oft sogar eine erholsame Pause im turbulenten Alltag dar. Die Tatsache, dass Mütter beim Stillen müde werden, zeigt lediglich, dass die Stillhormone ihre beruhigende Wirkung entfalten.

Stillende nehmen pro Monat durchschnittlich 0,6–0,8 kg ab. Sie können diesen Prozess, der Sie nach der Schwangerschaft wieder leichter Ihr altes Gewicht erreichen lässt, durch leichte sportliche Bewegung unterstützen. Warten Sie daher mit einer Diät zur Gewichtsreduktion ruhig bis nach dem Abstillen, vielleicht ist ein Abnehmen dann gar nicht mehr erforderlich.

Möchten Sie schon in der Stillzeit mehr Gewicht abnehmen, sollten Sie auf keinen Fall weniger als 1800 kcal pro Tag zu sich nehmen, da sich sonst Ihre Milchmenge verringern könnte und Ihre Muttermilch vermehrt Fremdstoffe aus Ihrem Fettgewebe enthalten könnte. Essen Sie dann vor allem gesunde, abwechslungsreiche Lebensmittel mit einem hohen Gehalt an Proteinen, Kalzium, Zink, Magnesium, Thiamin, Vitamin B2, E und B6, Folsäure, Phosphor und Eisen. Ist dies nicht möglich, kann eine professionelle Ernährungsberatung klären, welche Nahrungsergänzungsmittel Sie zusätzlich einnehmen können, damit Sie bei diesen Nährstoffen keinen Mangel bekommen.

Falls Sie sich in der Stillzeit vegan ernähren, also ausschließlich pflanzliche Lebensmittel zu sich nehmen, sollten Sie außerdem noch dauerhaft ein Vitamin-B12-Präparat einnehmen, gegebenenfalls zusätzlich angereicherte Nahrungsmittel wählen und Ihre Versorgung mit kritischen Nährstoffen regelmäßig ärztlich prüfen lassen.

Trinken Sie nach Ihrem Durst. Über das Durstgefühl hinaus zu trinken, erhöht Ihre Milchmenge nicht, obwohl dies oft gesagt wird. Im Gegenteil: Die Milchmenge kann sich sogar leicht verringern, weil eine übermäßige Flüssigkeitszufuhr die Urinausscheidung steigert. Trinken Sie zu wenig, reduziert sich Ihre Urinmenge, nicht hingegen Ihre Milchmenge. Daher ist es auch nicht sinnvoll, zum Abstillen weniger zu trinken. Die Milchmenge geht nur durch einen akuten, starken Flüssigkeitsmangel zurück, zum Beispiel bei starkem Erbrechen oder Durchfall, wenn das Körperwasser um zehn Prozent vermindert ist (Dehydration) und der Urin deutlich reduziert ist.

Sind Sie bereits sehr schlank oder verlieren Sie in der Stillzeit sehr schnell an Gewicht, erhöhen Sie Ihre tägliche zusätzliche Energiezufuhr auf ca. 500–600 kcal (2100–2500 kJ). Wenn Sie im turbulenten Familienalltag nicht die Zeit finden, regelmäßig zu kochen und in Ruhe zu essen, können Sie die Extrakalorien für das Stillen auch durch belegte Brote mit fettreichem Käse oder fettreicher Wurst, als Sahnejogurt oder als gesunde Zwischenmahlzeit in Form von Müsliriegeln zu sich nehmen. Jetzt dürfen Sie also durchaus auch einmal ohne schlechtes Gewissen »sündigen«.

Ein gesundes Getränk beim Stillen sorgt für ausreichende Flüssigkeitszufuhr

Achtung Mythos

Stillbabys bekommen keine Blähungen, wenn die Mutter Zwiebeln, Hülsenfrüchte, Kohlgemüse oder kohlensäurehaltige Getränke zu sich nimmt. Darmgase entstehen bei der Verarbeitung von Faserstoffen (Ballaststoffen) durch die Darmbakterien und können bei der Mutter Blähungen auslösen. Der größte Anteil der Darmgase wird jedoch mit dem Atem über die Lungen ausgeschieden. Darmgase oder Kohlensäure gelangen nicht durch die Brustdrüse in die Muttermilch.

Es gibt keine Nahrungsmittel, die Sie in der Stillzeit meiden müssten oder extra essen sollten. Da die Muttermilch nicht direkt aus Ihrer Nahrung, sondern aus Ihrem Blut und Ihren Körperdepots gebildet wird, können Sie sich wie gewohnt ernähren. Mütter in anderen Ländern essen die dort üblichen scharfen Gewürze, Paprika, Kohl und Ähnliches, ohne dass dies zu Problemen beim Stillkind führt. Auch den Verzehr von Obst und Obstsäften müssen Sie nicht einschränken!

Falls Sie dennoch lieber auf Nummer sicher gehen möchten, fangen Sie mit kleinen Testmengen einzelner Nahrungsmittel an und steigern Sie diese allmählich. Sollte Ihr Baby auffällig reagieren, warten Sie ein paar Tage ab und testen Sie dann das Lebensmittel erneut. Probieren geht immer über Studieren. Es ist aber wahrscheinlicher, dass keine Probleme auftreten als umgekehrt. Babys haben einfach gelegentlich Phasen, in denen sie mehr weinen und unruhiger sind als gewöhnlich.

Achtung Mythos

Säurehaltiges Obst in der Stillzeit verursacht keinen wunden Po beim Baby, da es den pH-Wert des mütterlichen Blutplasmas nicht verändert. Daher wird auch weder die Muttermilch noch der Urin des Babys durch Obstsäuren »sauer«. Zudem liegt der pH-Wert von Urin ohnehin im leicht sauren bis sauren Bereich.

Sorgen Sie sich nicht, dass Ihre Milchmenge zu gering ist oder Ihre Milch nicht nahrhaft genug ist, weil Sie nicht ausreichend essen und trinken. Die Milchbildung ist von Natur aus eine sehr robuste Angelegenheit – sichert sie doch das Überleben der Nachkommen. Auch Mütter, die sich nicht optimal ernähren, können ausreichende Mengen Muttermilch bilden, die alles enthält, was das Baby braucht. Generell ist es aber für jeden von uns besser, sich gut zu ernähren.

Sie müssen auch keine speziellen »Stilltees« trinken, um genug Milch zu bilden. Es gibt nur wenig wissenschaftliche Belege für die Wirksamkeit und die Nebenwirkungen von Pflanzen zur Steigerung oder Verringerung der Milchmenge. Aber es sind diverse Risiken bekannt. So können in Kräutern, je nach Herkunftsland, gefährliche Mengen an Schwermetallen, Pflanzenschutzmitteln und anderen toxischen Stoffe enthalten sein. Darüber hinaus sind Kräuter Arzneimittel, die nicht bedenkenlos oder exzessiv konsumiert werden sollten, da sie auch gesundheitsschädigend sein können.

Mit dem Stillbaby unterwegs

Einige Wochen nach der Geburt beginnt sich wieder eine neue Art von Normalität in Ihrem Leben einzustellen und Sie werden feststellen, dass es sehr praktisch ist, als stillende Mutter mit Baby unterwegs zu sein. Denn wo auch immer Sie gerade sind, Sie haben immer alles servierfertig dabei, um Hunger, Durst oder ein anderes Bedürfnis Ihres Babys schnell und einfach zu stillen.

Anfangs ist Ihnen vielleicht der Gedanke unangenehm, Ihr Baby in der Öffentlichkeit zu stillen, weil Sie befürchten, schief angeschaut oder kritisiert zu werden. Aber seien Sie beruhigt: Negative Reaktionen sind die absolute Ausnahme. Immer mehr öffentliche Orte und

Geschäfte laden stillende Mütter sogar mit einem Aufkleber an der Tür »zum Stillen willkommen« ausdrücklich dazu ein. Vielerorts gibt es auch gemütliche Stillräume oder extra eingerichtete Stillecken, die Sie aufsuchen können.

Stillen ist die natürliche Ernährung eines Babys. Und kleine Babys können mit ihren Bedürfnissen noch nicht warten. Daher möchte ich Sie wirklich ermutigen, sich zum Stillen nicht zu verstecken und sich auf gar keinen Fall auf eine von Keimen verunreinigte öffentliche Toilette zurückzuziehen.

Mit etwas Übung und entsprechender Kleidung ist diskretes Stillen in der Öffentlichkeit kein Problem

Verlassen Sie sich auch in diesem Punkt auf Ihr Bauchgefühl. Es zeigt Ihnen, wo, wann, bei wem und wie lange sich das Stillen im Beisein von anderen für Sie richtig anfühlt. Je selbstbewusster Sie dabei sind, desto einfacher ist es für Sie selbst, aber auch für andere Mütter. Denn nur wenn stillende Mütter zum normalen Anblick gehören, lernen die nachfolgenden Generationen, dass Stillen normal ist. Begeben Sie sich anfangs bewusst in Gruppen, wo Stillen selbstverständlich ist, zum Beispiel: Stillgruppen, Rückbildungskurse oder Ihr privater Kreis von anderen Müttern.

Dort gewinnen Sie Routine und können Ihr Baby mit etwas Übung bald überall so diskret stillen, dass andere es oft nicht einmal bemerken, sondern denken, es schliefe gerade in Ihrem Arm.

Hier sind ein paar Tipps dazu:

- Tragen Sie Oberbekleidung aus zwei Lagen: T-Shirt, Bluse oder Pullover, die Sie zum Stillen einfach hochschieben können, und darunter ein Tanktop, das Sie unter die Brust ziehen, während es weiter Ihren Bauch und Ihren Rücken bedeckt.
- Tragen Sie eine Jacke oder hängen Sie sich diese, einen Schal oder eine Stoffwindel über die Schulter als Schutz vor Blicken von der Seite.
- Spezielle Stilltops mit seitlichen Schlitzen oder verdeckten Öffnungen können Sie ebenfalls tragen.

- Üben Sie zunächst zu Hause vor einem Spiegel oder mit Ihrem Partner oder einer Freundin.
- Setzen Sie sich mit dem Rücken nach vorn in den hinteren Teil eines Raumes, in eine ruhigere Ecke oder seitlich vor eine Wand, um sich vor Blicken zu schützen.
- Auch im Tragetuch oder -sitz können Sie Ihr Baby dezent so positionieren, dass es die Brust gut erreichen kann.
- Legen Sie es gleich bei den ersten leisen Hungerzeichen an die Brust; das erregt weniger Aufmerksamkeit, als wenn es bereits laut schreit.
- Bieten Sie Ihrem Baby die Brust gezielt an, bevor Sie die Wohnung verlassen, auch wenn sein Hunger noch nicht so groß ist.
- Denken Sie auch daran, für sich selbst ein Getränk dabei zu haben, wenn Sie unterwegs sind.

Krankheiten und medizinische Behandlungen

Bei einer Erkrankung oder einer notwendigen medizinischen Behandlung wird stillenden Müttern häufig geraten, eine Stillpause zu machen oder sogar abzustillen. Dabei ist es fast immer möglich, weiter zu stillen, und in der Regel sogar zum Vorteil für das Stillkind.

Durch die zahlreichen Abwehrstoffe der Muttermilch ist Stillen ohnehin das Beste, um Ihr Baby vor Krankheiten zu schützen. Wenn Sie an einer häufig auftretenden (banalen) Infektion erkrankt sind, zum Beispiel einer Erkältung, einer Grippe, einem Harnwegs- oder Magen-Darm-Infekt, können Sie weiterstillen, da die Erreger nicht über die Muttermilch übertragen werden. Waschen Sie sich regelmäßig die Hände und tragen Sie gegebenenfalls einen Mund-Nasen-Schutz. Ihr Baby erhält mit der Muttermilch spezifische Antikörper gegen die Erreger und bleibt meist gesund. Sollte es doch krank werden, verläuft seine Erkrankung wesentlich leichter als bei einem nicht gestillten Kind.

Achtung Mythos

Bei mütterlichen Erkrankungen oder der Einnahme von Medikamenten ist Abstillen in den seltensten Fällen nötig. Das Risiko des Weiterstillens in diesen Situationen wird allgemein weit überschätzt, während gleichzeitig die Risiken des vorzeitigen Abstillens und der industriellen Säuglingsnahrung stark unterschätzt werden.

Wenn es Ihnen durch die Erkrankung körperlich sehr schlecht geht, legen Sie sich am besten gemeinsam mit Ihrem noch kleinen Baby ins Bett. Halten Sie ein paar Windeln und Feuchttücher neben dem Bett bereit, damit Sie seine Windeln wechseln können ohne aufstehen zu müssen. Legen Sie es so oft wie möglich an, während Sie im Bett liegen, um Ihre Milchproduktion in Gang zu halten. Schlafen Sie, wenn auch Ihr Baby schläft.

Für ein größeres Baby, das bereits im Krabbelalter ist, richten Sie sich in einem babysicheren Raum mit einer Matratze auf dem Boden ein Lager ein und legen Sie Spielzeug aus. Dann kann Ihr Kind sich dort frei bewegen und beschäftigen, aber auch jederzeit zum Stillen zu Ihnen kommen, während Sie sich ausruhen können.

Stellen Sie sich ausreichend Getränke, wie zum Beispiel Wasser und Tee, sowie ein paar gesunde, appetitliche Nahrungsmittel bereit. Trinken Sie viel und nehmen Sie reichlich Vitamin C zu sich, um Ihre Abwehrkräfte zu stärken.

Bei sehr wenigen Infektionserkrankungen kann wegen der Ansteckungsgefahr für das Baby eine vorübergehende Stillpause oder räumliche Trennung von Ihrem Baby notwendig sein. Pumpen oder entleeren Sie Ihre Brüste von Hand während dieser Zeit etwa in dem Rhythmus, in dem Ihr Baby bisher getrunken hat. So erhalten Sie Ihre Milchproduktion aufrecht, beugen einem Milchstau vor und können genug Milch für Ihr Baby sammeln, die es dann von seiner Betreuungsperson mit stillfreundlichen Fütterungsmethoden (siehe Kapitel 4) oder mit der Flasche bekommt.

Darf Ihr Baby Ihre Milch vorübergehend nicht erhalten, verwerfen Sie die gewonnene Milch, bis sie wieder gefüttert werden darf oder Sie wieder anlegen können. Während dieser Zeit benötigt es eine Ersatznahrung, zum Beispiel Ihre eigene tiefgefrorene, abgepumpte Milch aus einer unbedenklichen Zeit, Spenderinnenmilch, falls vorhanden, oder industrielle Säuglingsnahrung.

In den Industrieländern wird Abstillen heutzutage nur bei Müttern mit einer HTLV- oder HIV-Infektion oder einer unbehandelten, aktiven Tuberkulose empfohlen.

Teilen Sie Ihrem Arzt mit, dass Sie stillen und auch weiterstillen möchten, damit er Ihnen ein stillverträgliches Medikament verschreiben kann. Es gibt für die meisten Behandlungsziele lang bewährte Medikamente, die in der Stillzeit genommen werden können. Falls Ihr Arzt unsicher ist, kann er sich zum Beispiel beim Pharmakovigilanz- und Beratungszentrum für Embryonaltoxikologie in Berlin[52] informieren, welche Medikamente in der Stillzeit empfohlen werden.

Auch nach einer Vollnarkose dürfen Sie uneingeschränkt stillen, sobald Sie sich dazu wieder in der Lage fühlen.

Nur in seltenen Fällen ist ein Abstillen erforderlich, wenn keine akzeptablen Behandlungsalternativen möglich sind. Dies sind eine sedierende Kombinationstherapie mit Psychopharmaka, eine anti-epileptische Kombinationstherapie, eine längere Behandlung mit radioaktivem ^{131}Iod, während einer Chemotherapie mit Zytostatika, Therapien mit einigen Immunsuppressiva und einer kleinen Zahl von weiteren Medikamenten.[53]

Wenn Ihnen gesagt wird, Sie müssten wegen einer Medikamenteneinnahme oder einer medizinischen Behandlung abstillen, fragen Sie unbedingt bei Ihrer Hebamme oder einer Still- und Laktationsberaterin IBCLC nach. Die Chancen sind gut, dass dies nicht nötig ist, sondern auf andere stillverträglichere Mittel ausgewichen werden kann oder eine vorübergehende Stillpause möglich ist.

Ohne Stillbaby unterwegs sein

Viele Mütter möchten in der ersten Zeit ständig mit ihrem Baby zusammen sein. Irgendwann kommt jedoch auch das Bedürfnis oder aber die Notwendigkeit, sich für einige Stunden von ihm zu trennen und es bei einer anderen Person zu lassen. Sei es, um einfach einmal wieder etwas Zeit für sich allein zu haben, einen dringenden Termin ohne Kind wahrzunehmen oder um die eigene berufliche Tätigkeit wieder aufzunehmen.

Da diese Situationen nicht immer im Voraus planbar sind, ist es sinnvoll, wenn Sie sich einen kleinen Sicherheitsvorrat mit tiefgefrorener Muttermilch anlegen. Sie können Ihre Brüste mit einer guten Handpumpe, einer elektrischen Pumpe oder mit etwas Übung sogar am effektivsten von Hand entleeren. Lassen Sie sich die Technik der Handentleerung am besten von Ihrer Hebamme oder einer Stillberaterin beibringen. Auch im Internet finden Sie gute Anleitungen, wenn Sie nach »Video Brust Handentleerung« suchen.

Wann Sie die Muttermilch gewinnen, können Sie sehr flexibel handhaben. Beispielsweise können Sie nach dem Stillen die restliche Milch aus beiden Brüsten abpumpen oder die zweite Seite abpumpen, während Sie an der anderen stillen oder nachdem Sie eine Seite gestillt haben. Sie können auch beide Seiten teilweise entleeren, wenn Ihr Baby eine längere Schlafphase hat.

Achten Sie dabei auf eine hygienische Gewinnung der Milch. Bewahren Sie die Muttermilch im Kühlschrank oder Gefrierschrank auf. Ausführliche Anleitungen für die Gewinnung, die Aufbewahrung, den Transport und die Zubereitung von abgepumpter Muttermilch gibt es von verschiedenen Stillorganisationen sowie der Nationalen Stillkommission.[54]

Vorübergehende Trennungen lassen sich mit dem Stillen gut vereinbaren. Selbst die Wiederaufnahme der Berufstätigkeit und die Betreuung des Kindes in einer Kindertagesstätte oder bei einer Tagesmutter ist kein Grund abzustillen, wenn Sie dies noch nicht möchten.

Das Mutterschutzgesetz (MuSchG) gestattet stillenden Müttern auf Verlangen während der Arbeit insgesamt eine Stunde oder zweimal eine halbe Stunde Stillzeit pro Tag. In dieser Zeit können Sie entweder Ihr Baby stillen, Ihre Brüste entleeren oder Ihren Arbeitsplatz früher verlassen.

Stillen Sie Ihr Baby noch einmal ausgiebig, kurz bevor Sie gehen. Während Sie voneinander getrennt sind, kann es dann die erwärmte, abgepumpte Muttermilch aus einer Flasche erhalten. Damit es den Flaschensauger auch nimmt, ist es sinnvoll, ihm nach etwa sechs Wochen, wenn das Stillen gut eingespielt ist, etwa ein- bis zweimal in der Woche abgepumpte Milch mit der Flasche zu geben. Ältere Babys, die keinen Flaschensauger kennen, lehnen diesen sonst oft sehr rigoros ab, weil er nicht das Original ist.

Wenn Sie längere Zeiten getrennt sind, sollten Sie Ihre Brüste etwa in dem Rhythmus entleeren, wie Ihr Baby normalerweise trinkt. Damit erhalten Sie Ihre Milchproduktion aufrecht, reduzieren unangenehme Spannungen in den Brüsten und gewinnen Milch, die bei der nächsten Trennung gefüttert werden kann.

Stillen Sie ausgiebig, sobald Sie wieder zusammen sind, um den Trennungsstress zu lindern und die Nähe miteinander zu genießen. Stellen Sie sich auch darauf ein, dass Ihr Baby abends, nachts und an den Wochenenden häufiger trinkt als bisher. Sie wissen ja, Stillen erfüllt auch viele emotionale Bedürfnisse und festigt Ihre Bindung zueinander.

Wird Ihr Baby nicht mehr ausschließlich gestillt, sondern erhält es bereits Beikost oder feste Nahrung, ist es oft nicht mehr erforderlich, die Brüste während einer Trennung weiter regelmäßig zu entleeren. Nur bei einem stärkeren Spannungsgefühl sollten Sie zur eigenen Entlastung etwas Milch abdrücken. Ihre Brüste gewöhnen sich an die Phasen der selteneren Entleerung und Ihre Milchproduktion bleibt dennoch erhalten, wenn sie in den gemeinsamen Phasen weiter häufig geleert werden.

Das Stillkind wird älter

Wenn Ihr Baby älter wird, ändert sich sein Verhalten und auch Ihre Stillbeziehung. Es zeigt Ihnen immer deutlicher, wie gut ihm das Stillen gefällt, indem es juchzt und gluckst, wenn Sie sich zum Anlegen bereitmachen und es Ihre Brust sieht. Während es an der Brust saugt,

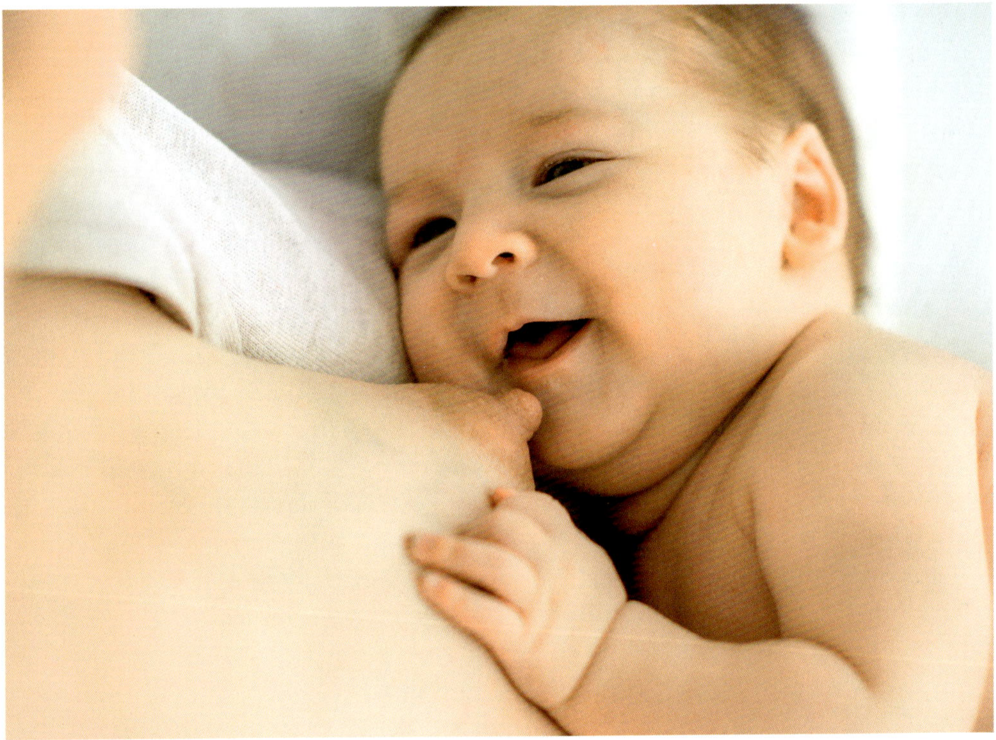

Das Baby zeigt deutlich, dass Stillen mehr als nur Ernährung ist

streichelt es dabei oft zärtlich die andere Seite oder auch Ihr Gesicht. Und wenn es die Brust loslässt, sehen Sie an seinen rosigen Wangen, den strahlenden Augen und seinem zufriedenen Lächeln, dass es mehr als nur gesunde Nahrung erhalten hat. Es hat auch jede Menge Liebe und Energie bei Ihnen »getankt«.

Ihr älteres Baby möchte daher auch nicht nur bei Hunger oder Durst an die Brust, sondern auch, weil es gerade Ihre Nähe braucht, zum Beispiel bei Müdigkeit, Stress, Unwohlsein, Zahnen oder Langeweile und manchmal auch einfach nur so ...

Sie werden nicht immer genau wissen, was der Grund für sein aktuelles Verlangen ist. Manchmal zeigt sich erst ein bis zwei Tage später, dass es gerade dabei war, eine Infektionserkrankung auszubrüten oder einen Entwicklungssprung zu machen. Lassen Sie sich einfach darauf ein. Sie sind die Expertin für Ihr Kind und Sie verwöhnen es nicht, indem Sie seine Bedürfnisse auf diese liebevolle Weise erfüllen.

Auch für die stressfreie Einführung der Beikost ist es am besten, sich nach Ihrem Baby und Ihrem eigenen Gefühl zu richten.

Ob Ihr Baby Beikost als fertige Gläschen, selbst gekochten Brei, breifreies Fingerfood vom Familientisch oder eine Kombination der verschiedenen Möglichkeiten erhält, bleibt ganz Ihnen überlassen.

Zur Vorbeugung einer Allergie oder Zöliakie (Unverträglichkeit von Gluten) ist jedoch wichtig dass neben der Beikost weiterhin gestillt wird und das Baby unter dem Schutz der Muttermilch viele verschiedene Nahrungsmittel kennenlernen kann.

Für die Einführung der Beikost sollten Sie sich aber weniger nach dem Alter Ihres Kindes, sondern vielmehr nach seiner individuellen »Beikostreife« richten, die von seiner motorischen Entwicklung abhängig ist.

Auch wenn Ihr Baby Sie beim Essen sehr interessiert beobachtet, Kaubewegungen macht und nach Ihrer Gabel greift, ist dies allein noch kein Zeichen für eine Beikostreife. Denn Babys sind in diesem Alter an allem interessiert, was Sie tun, schließlich lernen sie vor allem durch Beobachten und Nachahmen. Und sie stecken alles in den Mund, um die Gegenstände auch mit ihren sensiblen Lippen und der Zunge zu erforschen. Niemand würde aber vermuten, dass ein Baby schon bereit sei, schreiben zu lernen, wenn es seine Eltern intensiv beim Schreiben beobachtet und sogar versucht, sich den Stift zu schnappen.

Die meisten Kinder erreichen die Beikostreife in der Mitte des ersten Lebensjahres, wenige auch schon etwas eher und manche auch erst zu einem späteren Zeitpunkt. Stillkinder sind manchmal erst später bereit Beikost anzunehmen als Flaschenkinder. Oft lehnen sie auch pürierte Babybreie vom Löffel ab und möchten lieber altersgerechtes »Fingerfood« vom Familientisch in die Hand nehmen und sich selbst in

Wenn diese Bedingungen erfüllt sind, ist Ihr Baby reif für Beikost

- Es kann aufrecht mit minimaler Unterstützung im unteren Rücken sitzen und seinen Kopf ohne Hilfe aufrecht halten.
- Es kann die Bewegungen von Augen, Händen und Mund koordinieren, um Nahrung interessiert anzuschauen, zu ergreifen und sich selbst in den Mund zu stecken.
- Es ist fähig, feste Nahrung zu schlucken, was erst möglich ist, wenn der angeborene Zungenstoßreflex verschwunden ist.
- Es kann zeigen, wann es satt ist, indem es weitere Nahrungsaufnahme verweigert.

den Mund stecken. Häufig essen sie auch geringere Mengen als in den Ernährungsplänen für Babys in ihrem Alter empfohlen wird. Denn die Muttermilch liefert dem Kind auch nach der Säuglingszeit noch wesentliche Mengen an Energie und Nährstoffen.

Wenn Sie vorhaben lange zu stillen, ist es überdies nicht empfehlenswert, planmäßig ganze Stillmahlzeiten durch Beikost zu ersetzen. Stillen Sie Ihr Baby besser weiter wie bisher und bieten Sie ihm vorher oder nachher zusätzlich Beikost an. Die Muttermilch unterstützt es dabei, die neue Nahrung optimal zu verdauen und Ihre Milchmenge nimmt nicht früher als von Ihnen gewünscht ab.

Für eine intuitive und spielerische Einführung der Beikost empfehle ich Ihnen, sich über die Methode der breifreien Beikost – auch »Baby Led Weaning (BLW)« genannt – zu informieren.[55]

Etwa um den ersten Geburtstag Ihres Kindes herum werden Sie häufiger kritische Bemerkungen über das Stillen hören, wie etwa die Frage: »Stillst du immer noch?«. Vielleicht bekommen Sie auch das Ge-

Neue Nahrungsmittel erkundet das Baby interessiert und neugierig

Tandemstillen – zwei Kinder unterschiedlichen Alters werden gemeinsam gestillt

fühl, Ihr Kind sei das Einzige weit und breit, das so lange gestillt wird.

Ich hoffe, Sie sind sich bis dahin Ihrer Sache so sicher, dass Sie sich nicht davon abbringen lassen, weiter Ihrem Kind und Ihrem Gefühl zu vertrauen. Dennoch ist es beruhigend und hilfreich, auch dann direkten Kontakt und Austausch mit anderen länger stillenden Müttern zu haben. Sie finden diese zum Beispiel in Stillgruppen der La Leche Liga (LLL) oder der Arbeitsgemeinschaft Freier Stillgruppen (AFS) und über diverse Stillforen im Internet.

Falls es Ihnen unangenehm sein sollte, wenn Ihr älteres Stillkind in der Öffentlichkeit laut und deutlich nach »Brust« verlangt, können Sie ein gemeinsames Codewort für das Stillen verwenden, etwa das Wort der Babysprache Ihres Kindes, wie zum Beispiel »Mimi« oder »Nam Nam«. Sie können sich auch mit einer Gebärde, wie etwa dem Öffnen und Schließen der Hand (wie beim Melken) aus der Babyzeichensprache verständigen, ohne dass Außenstehende sofort verstehen, um was es geht.

Auch eine erneute Schwangerschaft oder der Wunsch wieder schwanger zu werden, ist kein Grund abzustillen, wenn Sie dies nicht möchten. Sie können als Schwangere ohne Probleme weiter stillen, wenn Sie keine Frühgeburtsbestrebungen haben und es Ihnen damit gut geht. Nach der Geburt des neuen Babys können Sie dann beide Kinder im »Tandem« stillen. Informationen und Austausch zu dieser besonderen Stillsituation erhalten Sie ebenfalls über die Stillgruppen und Stillforen.

Stillen Sie, solange sich das Stillen für Sie und Ihr Kind gut anfühlt und Ihr Mutterinstinkt Ihnen sagt, dass es so richtig ist.

8
Mögliche Stillprobleme lösen

Viele Mütter haben während der gesamten Stillzeit keinerlei Probleme. Auch, wenn zu Beginn einige Startschwierigkeiten zu überwinden waren, kann sich eine völlig problemlose weitere Stillzeit daran anschließen. Bei anderen Müttern kommt es nach einem unkomplizierten Stillbeginn zu einem späteren Zeitpunkt zu dem ein oder anderen Stillproblem. Insgesamt ist es jedoch so, dass – wie in Kapitel 4 und 5 beschrieben – die meisten Stillschwierigkeiten bereits in der Anfangszeit auftreten. In diesem Kapitel möchte ich daher nur auf die häufigsten Probleme in der späteren Stillzeit eingehen.

Schmerzende Brustwarzen

Juckende, brennende Brustwarzen ohne offene Wunden, die erst nach einer längeren Zeit des schmerzfreien Stillens auftreten und mit einer deutlichen Rötung und extremer Berührungsempfindlichkeit nach dem Stillen einhergehen, werden meist durch eine *Pilzinfektion (Soor)* verursacht.

Eine lokale Behandlung der Mamillen mit einer Nystatin-Salbe mehrmals täglich nach dem Stillen bringt in solchen Fällen meist sehr schnell eine deutliche Besserung, muss aber auch nach Abklingen der Symptome mindestens eine Woche weitergeführt werden. Zuvor sollte die Muttermilch und der Speichel des Babys mit warmem Essigwasser abgespült werden, um den pH-Wert der Haut in einen, den Pilzen weniger zuträglichen, sauren Bereich anzuheben.

Falls bei dem Baby ebenfalls Soor im Mund- oder Windelbereich auftritt, ist es ebenfalls mit einem geeigneten Mundgel beziehungsweise einer Salbe gegen Windelsoor zu behandeln.

Milchstau und Brustentzündung

Ein Milchstau ist eines der häufigsten Probleme während der Stillzeit. Meist tritt er in den ersten zwölf Wochen auf, oft in der zweiten bis dritten Woche nach der Geburt. Die Symptome ähneln denen einer Grippe: Mattigkeit, Kopf- und Gliederschmerzen, Fieber über 38°C und Schüttelfrost. Zusätzlich erscheint an einer Brust ein verhärteter, druckempfindlicher Bereich, der meist deutlich gerötet ist.

Die Ursache für den Stau ist meistens eine Störung des Milchspendereflexes, vor allem durch *Stress* sowie Erschöpfung und Überlastung oder auch durch Schmerzen. Manchmal steckt auch eine mechanische Ursache dahinter, zum Beispiel ein überhäuteter Milchgang auf der Brustwarze (white blister), ein zu enger BH oder Tragegurt, ein Stoß gegen die Brust, Kälte, Zugluft oder eine ungewohnt lange Zeitspanne ohne Entleerung der Brust.

- Versuchen Sie, Ihren Stress oder die jeweilige Ursache sofort so weit als möglich zu reduzieren oder noch besser abzustellen.
- Legen Sie sich ins Bett und ruhen Sie sich aus. Das Wichtigste für Sie ist jetzt Ruhe, Ruhe und noch mal Ruhe! Jetzt brauchen Sie Ihr »Dorf« (siehe Kapitel 7).
- Entleeren Sie Ihre Brust häufiger als sonst, indem Sie Ihr Baby anlegen, abpumpen oder von Hand vorsichtig Milch abdrücken.
- Vor dem Entleeren können Sie die Brust wärmen, zum Beispiel mit einer heißen Dusche, feuchtwarmen Kompressen oder auch mit Rotlicht. Eine Oxytocinmassage (siehe Kapitel 4) unterstützt Ihren Milchspendereflex dabei zusätzlich.
- Versuchen Sie, Ihr Baby so anzulegen, dass sein Unterkiefer zu der gestauten Stelle zeigt, damit es diesen Bereich effektiv entleeren kann.
- Mit einer Milchpumpe ist die Entleerung der Brust meist nicht so erfolgreich, weil die Pumpe vor allem die nicht-gestauten Bereiche der Brust entleert. Drücken Sie besser vorsichtig etwas Milch von Hand ab, aber fügen Sie sich dabei keine weiteren Schmerzen zu.
- Nach dem Stillen können Sie Ihre Brust mit Kühlkissen, Quark oder Weißkohlblättern kühlen oder sie auch wie oben beschrieben wärmen, je nachdem, was für Sie angenehmer ist.
- Trinken Sie viel und nehmen Sie zusätzlich Vitamin C zu sich, um Ihre Abwehrkräfte zu stärken.
- Zur Linderung Ihrer Krankheitssymptome können Sie Paracetamol- oder Ibuprofen-Tabletten einnehmen.

Wenn Sie all diese Maßnahmen rechtzeitig und konsequent anwenden, sollten sich Ihre Symptome innerhalb von 24 Stunden verbessern oder zumindest nicht verschlimmern.
Bis die Verhärtung in der Brust gänzlich verschwunden ist, kann es allerdings etwas länger dauern.
Wenn ein Milchstau nicht rechtzeitig oder nicht richtig behandelt wird, kann sich daraus eine Brustentzündung (Mastitis) oder auch ein Abszess entwickeln. Wenn sich daher Ihr Befinden, trotz Bettruhe und der oben genannten Maßnahmen, innerhalb von 24 Stunden weiter verschlechtert oder nicht spätestens nach 48 Stunden eine Besserung eintritt, gehen Sie zum Arzt. Dann liegt vermutlich eine bakterielle Brustentzündung vor und Sie benötigen ein Antibiotikum,

das für die Stillzeit geeignet ist. Auch eine infektionsbedingte Mastitis ist kein Grund zum Abstillen.
Lassen Sie sich bei einem Milchstau auf alle Fälle von Ihrer Hebamme beraten.

Geringe Gewichtszunahme

Die Gewichtszunahme ihres Babys ist wohl eine der größten Sorgen neuer Eltern. Unzufriedenheit des Babys nach dem Stillen oder eine Zunahme der Stillhäufigkeit werden oft von Dritten auf eine unzureichende Milchmenge zurückgeführt. Bevor Sie sich davon verunsichern lassen und womöglich anfangen, zusätzliche Flaschen mit künstlicher Säuglingsnahrung zu geben, sollten Sie prüfen, ob Ihr Baby tatsächlich zu wenig zunimmt. Vielleicht handelt es sich nur um einen Wachstums- oder Entwicklungsschub oder um das normale »Clusterfeeding« (siehe Kapitel 6) am Abend.
Ist die Gewichtszunahme zu gering, fangen Sie nicht an, Ihr Kind ständig zu wiegen. Denn vom Wiegen nimmt das Kind nicht zu. Verändern Sie stattdessen Ihr bisheriges Stillverhalten, um die tägliche Muttermilchmenge Ihres Babys zu erhöhen. An seinen Ausscheidungen und seinem Verhalten können Sie bereits erkennen, ob Ihre Maßnahmen erfolgreich sind. Die gelegentliche Kontrolle des Gewichts dient dann nur noch der Bestätigung Ihres Gefühls.

- Verbessern Sie zunächst Ihre Anlegetechnik, damit Ihr Baby Ihre Brust gut erfassen und effektiv entleeren kann.
- Legen Sie häufiger an. Bieten Sie Ihre Brust bei jeder Gelegenheit an, auch zwischendurch. Sie wissen ja: Die Nachfrage regelt das Angebot.
- Sorgen Sie dafür, dass Ihr Baby mehr fettreiche Milch aus der sich leerenden Brust erhält.
- Unterstützen Sie Ihren Milchspendereflex durch viel Haut-Haut-Kontakt, eine bequeme Stillposition, Entspannung, Wärme und eine Oxytocinmassage (siehe Kapitel 4).
- Massieren Sie Ihre Brust sanft beim Stillen, indem Sie mit den Fingerspitzen für einige Sekunden kleine kreisende Bewegungen auf einer Stelle machen und dann die Fingerspitzen 1 cm weiter setzen und wieder leicht kreisen lassen.
- Drücken Sie Ihre Brust vorsichtig mit den Fingern und dem Daumen etwas zusammen (Brustkompression), wenn Ihr Baby nicht mehr aktiv saugt und schluckt, um ihm etwas Milch in den Mund zu »drücken« und es zum Weitersaugen anzuregen.
- Wechseln Sie die Seiten (auch mehrmals), wenn Ihr Neugeborenes einschläft, weil keine Milch mehr fließt,

es aber vermutlich noch nicht satt ist. Durch dieses »Wechselstillen« wecken Sie Ihr Baby. Und an der neuen Seite wird schneller ein weiterer Milchspendereflex ausgelöst, der das Baby wieder motiviert zu saugen.
- Legen Sie Ihr Baby mehrmals am Tag von der Seite an. Die äußeren Bereiche Ihrer Brüste haben besonders viel Drüsengewebe und werden in dieser Position effektiver geleert.
- Verwenden Sie keine Stillhütchen. Mit einem Stillhütchen ist es für Ihr Baby schwerer, Ihre Brüste gut zu entleeren, es sei denn, Sie haben sehr viel Milch.
- Geben Sie keinen Schnuller. Das Saugbedürfnis Ihres Babys ist eng an seinen Hunger und sein Bedürfnis nach Nähe gekoppelt. Befriedigen Sie diese Bedürfnisse Ihres Babys selbst, indem Sie viel mit ihm kuscheln, auch im Haut-Haut-Kontakt, und ihm häufig die Brust anbieten. Außerdem stimuliert häufiges Entleeren Ihrer Brust – wie Sie bereits wissen – Ihre Milchbildung.
- Entnehmen Sie nach dem Stillen die verbliebene Milch am besten per Hand oder mit einer Pumpe. Füttern Sie diese fettreiche, kalorienhaltige Milch möglichst beim nächsten Stillen mit einer Ernährungssonde oder einem Brusternährungsset (siehe Kapitel 4) zu, die in Apotheken erhältlich sind.
- Steigern Sie Ihre Milchproduktion durch häufiges und gründliches Entleeren. Das ist das Wichtigste! Maßnahmen wie Homöopathie, Akupunktur oder Malzbier können dies lediglich unterstützen, reichen jedoch allein nicht aus.

Nimmt Ihr Baby trotz dieser Maßnahmen weiterhin nicht genug zu, füttern Sie – möglichst mit einem Brusternährungsset – nach der abgepumpten Milch noch so viel künstliche Säuglingsnahrung zu, wie nötig. Dadurch gewinnen Sie die notwendige Zeit, um in Ruhe Ihre eigene Milchmenge zu steigern, ohne dass Ihr Baby zu wenig Nahrung bekommt.

Nehmen Sie bei einem echten Muttermilchmangel die Hilfe Ihrer Hebamme oder einer qualifizierten Stillberaterin in Anspruch. Sie kann Ihnen helfen, die Ursache(n) für die geringe Gewichtszunahme herauszufinden und eine individuelle Lösung mit Ihnen erarbeiten.

Stillstreik

Auch während einer gut eingespielten Stillbeziehung kann es dazu kommen, dass ein Baby sich unvermittelt vehement weigert, an der Brust zu trinken, obwohl es offensichtlich Hunger hat und sehr unglücklich ist. Der Grund für diese Verhaltensänderung ist nicht immer eindeutig zu klären. Oft sind es äußere Veränderungen, wie etwa ein Umzug, eine Reise oder ein ungewohnter Geruch durch ein neues Waschmittel oder Körperpflegemittel. Manchmal kann auch eine Erkrankung oder ein Erschrecken des Babys beim Stillen das Verweigern der Brust auslösen.

Ein solcher Stillstreik wird oft als ein vom Kind ausgehendes Abstillen missverstanden, dem ist aber nicht so. In der Regel endet der Stillstreik innerhalb von 24 Stunden ebenso unvermittelt, wie er begonnen hat. Er kann aber auch mehrere Tage andauern.

- Auch wenn Sie sehr besorgt sind, dass Ihr Baby nicht genügend Flüssigkeit und Nahrung bekommt, versuchen Sie, ihm nicht ständig die Brust anzubieten. Dies führt meist nur zu immer mehr Stress und Verzweiflung auf beiden Seiten. Denn Babys lassen sich nicht zum Saugen an der Brust zwingen.
- Versuchen Sie besser, die ganze Situation zu entspannen und Ihr Baby zu »verführen«, indem Sie mit viel Haut-Haut-Kontakt zusammen kuscheln und Sie Ihr Baby zum Beispiel auf Ihrer Brust schlafen lassen. Vielleicht geht es dann beim Aufwachen von ganz allein wieder an die Brust.
- Möglicherweise »entdeckt« Ihr Baby die Brust auch bei einem gemeinsamen Bad wieder oder während Sie sich mit Baby vor der Brust bewegen und dabei leise singen, etwa auf einem Schaukelstuhl oder beim Umhergehen.
- Entleeren Sie Ihre Brüste von Hand oder mit einer Pumpe und bieten Sie ihm die Muttermilch mit einem Becher oder einem Löffel an.
- Viele streikende Babys nehmen die Brust auch weiterhin nachts oder im Halbschlaf. Lassen Sie es dann ruhig ausgiebig trinken.
- Zwingen Sie Ihr Baby auch jetzt nicht dazu, Flüssigkeit oder künstliche Säuglingsnahrung aus einer Flasche zu trinken. Wenn es dies nicht gewohnt ist, wird es dadurch nur noch mehr gestresst und verwirrt.

Zu viel Muttermilch

Zu viel Milch und ein damit oft einhergehender starker Milchspendereflex können dazu führen, dass Ihr Baby beim Stillen unruhig ist, sich häufig verschluckt, reichlich grünlichen Stuhlgang hat und vermehrt unter Blähungen leidet. Obwohl es gut bis überdurchschnittlich zunimmt, bereitet das Stillen Ihnen beiden Stress und macht keine rechte Freude.

Durch die große Milchmenge erhält es nicht genügend fettreiche Milch, sondern vor allem laktosehaltige Milch aus

der vollen Brust. Diese ist zwar kalorienreich, sättigt aber nicht ausreichend und führt zu einer beschleunigten Darmtätigkeit mit vermehrter Gasbildung.
Als Mutter leiden Sie vielleicht zudem beim Stillen unter einem starken Milchfluss aus der zweiten Brust oder an wiederholten Milchstaus.
Um das Stillen kurzfristig für Ihr Baby angenehmer zu machen, können Sie Folgendes tun:

- Entleeren Sie Ihre Brüste einmalig am Morgen so vollständig wie möglich, entweder mit einer guten elektrischen Pumpe oder von Hand. Je nachdem, was für Sie besser funktioniert.
- Lassen Sie anschließend Ihr Baby an beiden »leeren« Brüsten trinken, so lange, wie es mag. Dabei erhält es sofort Ihre fettreiche, sättigende Milch und kann endlich sein Saugbedürfnis befriedigen. Vielleicht trinkt es zum ersten Mal ruhig und schläft dann zufrieden an Ihrer Brust ein.
- Legen Sie es möglichst ohne Stillhütchen an, falls Sie bisher welche benutzt haben, und achten Sie auf ein gutes, tiefes Anlegen. Möglicherweise hat Ihr Baby bisher eher wenig Brust in den Mund genommen, um sich vor dem spritzenden Milchstrahl zu schützen.
- Teilen Sie nun den Rest des Tages in Zeitblöcke von etwa drei oder vier Stunden ein und legen Sie Ihr Baby während eines Zeitblocks immer wieder an derselben Seite an. Lassen Sie es so oft und so lange, wie es möchte, dort saugen.
- Sie können auch »bergauf« stillen, also mit Ihrem Baby bäuchlings auf Ihrem zurückgelehnten Körper liegend, sodass es die Brust von oben kommend im Mund hat – und nicht auf dem Rücken unterhalb der Brust liegend. Dies hat den Vorteil, dass ihm die Milch weniger stark in den Mund spritzt und es ein Zuviel an Milch einfacher aus dem Mund wieder herauslaufen lassen kann.
- Bei sehr starkem Spannungsgefühl in der anderen Brust können Sie zur Entlastung ein wenig Milch abdrücken oder auslaufen lassen. Ihre Milchmenge reduziert sich dadurch, dass die Brüste seltener und weniger gründlich entleert werden. Denn das signalisiert dem Körper, dass nicht so viel Milch benötigt wird und die für die Milchbildung notwendige Energie eingespart werden kann.
- Wechseln Sie die Seite erst, wenn der Zeitblock vorbei ist. Legen Sie während des neuen Zeitblocks nun immer wieder die zweite Seite an und entlasten Sie nur bei Bedarf die erste ein wenig.

Beim »Bergauf«-Stillen verschluckt sich das Baby nicht so leicht an einem starken Milchfluss

Oft reicht es aus, die Brüste einmal vollständig zu entleeren und anschließend mit Zeitblöcken an nur einer Brust zu stillen, um das Überangebot der Muttermilch zu reduzieren und dem Bedarf des Babys anzupassen.

Sind Ihre Brüste nach 24, 48 oder 72 Stunden mit diesen Zeitblöcken jedoch wieder sehr voll oder spritzt der Milchspendereflex wieder zu stark, leeren Sie Ihre Brüste noch einmal möglichst vollständig und verlängern Sie die Zeitblöcke auf sechs, acht, zwölf oder noch mehr Stunden je Seite.

Wiederholen Sie das Entleeren nur, wenn es absolut notwendig ist, da Sie sonst Ihre Milchproduktion zusätzlich anregen.

Mit dem Rückgang der Milchmenge werden auch die Abstände zwischen den erforderlichen Entleerungen länger, bis es gar nicht mehr nötig ist.

Haben sich das Verhalten Ihres Babys an der Brust und seine Darmtätigkeit reguliert, können Sie die Zeitblöcke wieder verkürzen, bis es bei einem Stilldurchgang eine Brust gut leert und beim nächsten die andere.

Stillhütchen

Stillhütchen werden oft schon kurz nach der Geburt eingesetzt, wenn das Anlegen des Neugeborenen nicht gelingt oder die Brustwarzen wund sind. Oft wäre dies mit einer guten Anlegetechnik nicht nötig, da sie nicht die Ursache lösen. Hat ein Baby allerdings als Erstes gelernt, an einem Flaschensauger zu trinken, kann ein Stillhütchen in manchen Fällen den Übergang zum direkten Saugen an der Brust erleichtern. Frühgeborene, deren Mund im Verhältnis zur mütterlichen Brust noch zu klein ist, erhalten manchmal mehr Milch aus den Brüsten, wenn sie anfangs mit einem Stillhütchen angelegt werden.

Es gibt Mutter-Kind-Paare, die bis zum Schluss ohne Probleme mit Stillhütchen stillen und aus denen vielleicht ohne die Hütchen nie ein Stillpaar geworden wäre. In anderen Situationen kann der Einsatz von Stillhütchen jedoch auch erst zu Problemen führen, wie zum Beispiel zu einer unzureichenden Gewichtszunahme des Babys und einem Rückgang der mütterlichen Milchproduktion.

Darüber hinaus ist das Stillen mit Hütchen aufwändiger. So ist es erforderlich, die Hütchen ständig dabeizuhaben und sie nach jedem Gebrauch mit heißem Wasser und etwas Spülmittel zu reinigen, abzuspülen und trocken aufzubewahren, um Keimwachstum zu verhindern.

Für die meisten Mütter und Babys sollten Stillhütchen daher nur kurzfristige, vorübergehende Hilfsmittel sein. Je kürzer sie im Einsatz sind, desto einfacher ist es meist, sie wieder loszuwerden. Aber auch nach mehreren Wochen oder Monaten ist dies noch möglich.

Ihr Baby vom Stillhütchen entwöhnen

- Nehmen Sie eine halbliegende oder halbsitzende Position ein. Lassen Sie Ihr Baby bäuchlings mit dem Kopf in der Nähe Ihrer nackten Brüste auf sich schlafen oder legen Sie es dort in halbwachem, nur leicht hungrigem Zustand hin. Formen Sie ihm Ihre Brust mundgerecht, wenn es mit seinen Kopfbewegungen beginnt, danach zu suchen. Vielleicht ist dies schon alles, was nötig ist, damit das Anlegen ohne Hütchen klappt. Lassen Sie sich überraschen!
- Alternativ können Sie es auch in der Seitenhaltung asymmetrisch anlegen, so wie in Kapitel 5 beschrieben, damit sein Mund auf Anhieb gut mit Brust gefüllt ist und sein Saugreflex ausgelöst wird.
- Versuchen Sie zunächst jedes Mal, Ihr Baby ohne Hütchen gut anzulegen. Gelingt dies nicht bald oder ist einer von Ihnen beiden bereits zu gestresst, legen Sie es wie gewohnt mit

dem Hütchen an und lassen es einige Minuten daran trinken, bis es sich etwas beruhigt hat. Lösen Sie dann den Saugschluss, ziehen Sie das Hütchen schnell heraus und versuchen Sie erneut, es ohne Hütchen gut anzulegen.

- Oder Sie lassen es an der ersten Brust mit Hütchen trinken und versuchen dann, es an der zweiten ohne Hütchen anzulegen.
- Sie können auch versuchen, sich beim Anlegen mit dem Baby im Arm langsam zu bewegen, zum Beispiel umherzugehen, sich hin- und herzuwiegen, oder zusammen in der warmen Badewanne zu liegen.
- Bleiben Sie geduldig und loben Sie sich und Ihr Baby für das Versuchen und natürlich auch für die Erfolge. Je öfter Sie erfolgreich waren, desto einfacher gelingt es beim nächsten Mal wieder.
- Manchmal klappt das Stillen ohne Hütchen zunächst nur an einer Seite. Auch dies ist schon ein schöner Erfolg, und es ist sehr wahrscheinlich, dass es auch auf der anderen Seite bald so weit ist.
- Funktioniert das Stillen ohne Hütchen in einer Position, dann legen Sie so lange nur noch in dieser Position an, bis Sie und Ihr Baby sich dabei sicher und routiniert fühlen. Ist dies erst einmal erreicht, fällt Ihnen das Anlegen auch in anderen Positionen leichter.
- Schneiden Sie auf keinen Fall die Spitze eines Stillhütchens aus Silikon nach und nach ab, wie manchmal empfohlen, da dabei scharfe Kanten entstehen, die Ihr Baby im Mund verletzen können.

Lassen Sie sich beraten

Lesen Sie sich noch einmal Ihre Gründe zu stillen durch, falls Sie während der Stillzeit eine Stillkrise haben und der Gedanke ans Zufüttern von Flaschennahrung oder sogar ans Abstillen auftauchen sollte.

Wenden Sie sich bei spezielleren Fragen oder Problemen in der Stillzeit, die sich nicht binnen kurzer Zeit auflösen oder zumindest verringern lassen, frühzeitig für eine qualifizierte Stillberatung an Ihre Hebamme, Ihren Arzt oder eine Still- und Laktationsberaterin.

Verlassen Sie sich auch hier auf Ihr Gefühl. Wenn Sie das Gefühl haben, dass das Stillen nicht gut läuft, sollten Sie den Ursachen auf den Grund gehen, um die optimale Lösung zu finden. Ihre Stillbeziehung ist zu wichtig, um dies auf die lange Bank zu schieben und zunächst einmal »wild« alle möglichen Tipps und Empfehlungen auszuprobieren.

9
Die Stillzeit gut beenden

Lassen Sie sich nicht von anderen drängen und zwingen Sie sich nicht selbst, länger zu stillen, als Sie es selber möchten. Es gibt keine »Stillpflicht«, weder generell noch für eine bestimmte Dauer. Wenn Sie nicht mehr gern stillen, ist es Zeit, etwas an der Situation zu verändern.

Manchmal reicht es dazu schon, die Zahl der Still- und Kuschelzeiten tagsüber oder während der Nacht zu reduzieren. Manche Mütter vereinbaren auch, dass ihr Partner häufiger die abendliche Einschlafbegleitung übernimmt, sodass sie selbst öfter einen freien Abend ganz für sich genießen können.

Lassen Sie sich aber auch zu keiner Zeit von anderen drängen, doch nun »endlich« abzustillen. Es gibt keinen bestimmten Zeitpunkt, bis zu dem ein Kind abgestillt sein muss. Auch wird die Muttermilch nicht irgendwann wertlos, oder das Stillen schädlich für Sie oder Ihr Kind. Diese und ähnliche »Argumente« gehören ausnahmslos in den Bereich der Mythen und Vorurteile. Denn die positiven Auswirkungen des Stillens nehmen mit der Dauer der Stillzeit zu. So bieten etwa die vielen Antikörper der Muttermilch dem Kleinkind, dessen eigenes Immunsystem erst mit sechs Jahren vollständig ausgereift ist, zusätzlichen Schutz. Zudem stehen beim Stillen eines älteren Kindes, das bereits richtig isst, mehr die emotionalen Aspekte der Stillbeziehung im Vordergrund.

Die WHO empfiehlt daher das ausschließliche Stillen in den ersten sechs Lebensmonaten und danach bei geeigneter Beikost das Weiterstillen bis über den zweiten Geburtstag hinaus, solange Mutter und Kind dies möchten.[56]

Auch nach der Säuglingszeit fühlt sich das Stillen für viele Mütter und Kinder gut und richtig an

Sie können darauf vertrauen, dass Ihr Kind eines Tages dazu bereit sein wird, sich selbst abzustillen, oder Sie selbst irgendwann das sichere Gefühl haben, dass jetzt für Sie beide der richtige Zeit-

punkt gekommen ist, das Stillen zu beenden. Wann dies soweit ist, kann sehr unterschiedlich sein und hängt von vielen Faktoren ab.
Je langsamer der Abstillprozess verläuft, desto leichter wird Ihnen beiden die körperliche und seelische Umstellung fallen.
Wenn es sich für Sie richtig anfühlt, können Sie das natürliche Abstillen Ihres Kleinkindes unterstützen:

- Bieten Sie die Brust nicht mehr von sich aus an, aber verweigern Sie sie auch nicht, wenn das Kind danach verlangt.
- Beenden Sie die Stillsitzungen früher, indem Sie Ihr Kind nach der für Sie angemessenen Zeit bitten, Ihre Brust loszulassen.
- Bieten Sie eine spannende Beschäftigung, etwas Leckeres zu essen oder etwas zu trinken an, wenn Langeweile, Hunger oder Durst der Grund für seinen Stillwunsch sein könnte.
- Vermeiden Sie typische »Verführungsmomente«. Verhindern Sie, dass es Ihre nackten Brüste sieht. Tragen Sie »stillunfreundliche« Kleidung, etwa hochgeschlossene Pullover oder Kleider mit Reißverschluss am Rücken. Gibt es zum Beispiel einen festen Stillplatz, meiden Sie diesen Platz nun eher.
- Verändern Sie Ihre Tagesroutine. Möchte es zu Hause viel gestillt werden, verbringen Sie viel Zeit draußen, an anderen Orten oder mit anderen Personen. Möchte es an fremden Orten häufiger gestillt werden, bleiben Sie mehr zu Hause.
- Vereinbaren Sie miteinander, dass nur noch an bestimmten Orten oder in bestimmten Situationen gestillt wird, zum Beispiel nur noch zu Hause oder nur, wenn Sie allein sind.
- Möchten Sie das Stillen am Morgen oder am Abend einstellen, lassen Sie den Vater die Morgen- oder Abendroutine übernehmen, während Sie selbst bereits aufgestanden oder abends nicht zu Hause sind.
- Geben Sie Ihrem Kind weiterhin viel körperliche Nähe und Zuwendung.

Die Stillzeiten werden immer seltener und die Intervalle immer größer. Auch Ihre Milchproduktion bildet sich allmählich zurück, ohne dass es notwendig wird, Milch aus den Brüsten zu entleeren. Das Stillen läuft auf diese Weise ganz langsam aus.
Eines Tages fällt Ihnen auf, dass Sie nun kein Stillkind mehr haben. Wann Sie das letzte Mal gestillt haben, können Sie wahrscheinlich gar nicht mehr genau sagen. Jedenfalls war Ihnen zum damaligen Zeitpunkt nicht bewusst, dass es das letzte Mal sein wird.
Könnten Sie sich ein besseres Ende Ihrer besonderen Liebesbeziehung vorstellen?

Dank

Viele Menschen haben zum Entstehen dieses Buches beigetragen.
Meinen besonderen Dank sage ich allen Müttern, ihren Partnern und ihren Kindern, die mir ihr Vertrauen schenken und von denen ich immer noch ständig hinzulerne,
Dana Biedermann mit Lewe sowie Elke Lenhart mit Jana und Helena, die sich für Fotos zur Verfügung gestellt haben,
Silke Foos vom Kösel-Verlag, die den Entstehungsprozess meines Buches mit großem Engagement, Verständnis und Geduld begleitet hat,
Laima Chenkeli und Teresa Kleinschmidt, die den Zauber der Stillbeziehung einfühlsam mit der Kamera festgehalten haben,
Melanie Hartmann, deren Fragen und Korrekturen meinem Manuskript den letzten Schliff gegeben haben,
Stefanie Breme-Breilmann und Ursula Debus, die mich durch konstruktive Kritik und wichtige Impulse im Schreibprozess unterstützt haben,
Kirsten Dickmann und Melanie Andres, die mir im kollegialen und persönlichen Austausch wertvolle Anregungen gegeben haben,
Angelika Kuhn, die in meiner eigenen Stillzeit Vorbild und Ratgeberin war,
meinen Eltern Erich und Gisela Gresens, die mir alles gegeben haben, was ich gebraucht habe, um zu werden, wie ich bin,
Jonas Gresens und Klaus Dösselmann, mit denen ich erleben durfte, wie entspannt und erfüllend eine lange Stillbeziehung sein kann,
Uwe Bargstedt, der mich gelehrt hat, gut für mich selbst zu sorgen.

Anhang

Anmerkungen

1 Sanchez (2009)
2 Powe (2010)
3 Pumpstillen bezeichnet das Füttern von abgepumpter Muttermilch mit der Flasche.
4 Hassiotou (2012)
5 Fernández (2013)
6 Bode (2012)
7 American Academy of Pediatrics (2012), S. 830
8 Ebd., S. 829
9 Ebd., S. 830
10 Verduci (2014)
11 American Academy of Pediatrics (2012)
12 Hassiotou (2013)
13 Uvnäs-Moberg (2003)
14 Doucet (2012)
15 Brizendine (2007), S. 189
16 Dies ermöglichen die Spiegelneuronen. Vgl. Brizendine (2007), S. 193
17 geprüfte Fachpersonen des International Board of Certified Lactation Consultants
18 Mongan (2014)
19 Smith (2010)
20 Smith (2010)
21 Eine Liste der babyfreundlichen Kliniken finden Sie unter: http://www.babyfreundlich.org/eltern/kliniksuche.html
22 Smith (2010), S. 97ff.
23 Widström (2010)
24 Colson (2012)
25 Marchbank (2009)
26 Watson Genna (2010)
27 Schwarz (2008), S. 121
28 Colson (2012)
29 https://www.youtube.com/watch?v=gAdOjAj9D4k
30 Diese Technik ist als Oxytocinmassage nach Plata Rueda bekannt.
31 Ein HELLP-Syndrom ist die lebensgefährliche Komplikation einer Präeklampsie (EPH-Gestose), eine durch die Schwangerschaft bedingte Erkrankung.
32 Smith (2010)
33 http://www.bfr.bund.de/cm/343/zufuetterungstechniken-fuer-gestillte-saeuglinge.pdf
34 Smith (2010)
35 Diese Technik nennt sich Reverse Pressure Softening (RPS).
36 Colson (2012)
37 Traglinge sind Jungtiere, die einen kontinuierlichen Körperkontakt zu ihrer Mutter erwarten, um sich sicher zu fühlen und zu überleben.
38 Amir (1996)
39 Stillen ist eine Paaraktivität. Da das Baby nicht passiv ist, während die Mutter es »aktiv« stillt, spreche ich davon, dass auch Babys stillen. Beim

Paartanz heißt es auch: Die Partner tanzen zusammen; nicht: Die Frau wird von dem Mann getanzt.

40 Daly (1993)

41 Kent et al. (2006)

42 Ingram, Woolridge, Greenwood (2001)

43 Uvnäs-Moberg (1992)

44 Mütter, die abpumpen, gewinnen mit dem ersten Milchspendereflex bis zu 45 Prozent der Gesamtmenge einer Pumpsitzung.

45 Doan (2014)

46 Doan (2007)

47 McKenna (2015)

48 Festes Einwickeln des Babys zur Beruhigung und als Einschlafhilfe in ein Tuch oder in einen speziellen Pucksack.

49 Ball (2006)

50 Koletzko et al (2013)

51 Holick (2007)

52 http://www.embryotox.de

53 WHO (2009)

54 http://www.bfr.bund.de/cm/350/meine-muttermilch-fuer-mein-kind.pdf

55 Stern (2013, 2014)

56 WHO (2003)

Internetadressen

- Hebammensuche.de: http://www.hebammensuche.de/hebverzext.html
- WHO/UNICEF-Initiative »Babyfreundliche« Krankenhäuser: http://www.babyfreundlich.org/eltern.html
- Doulas in Deutschland e.V.: http://www.doulas-in-deutschland.de/

Stillberatung und Stillgruppen

- Berufsverband Deutscher Laktationsberaterinnen IBCLC e.V. (BDL): http://www.bdl-stillen.de/stillberatungsuche.html
- Ausbildungszentrum Laktation und Stillen: http://www.stillen.de/laktationsberatung-finden/
- Verband der Still- und Laktationsberaterinnen Österreichs (VSLÖ): http://www.stillen.at/stillberaterinnen/
- Berufsverband Schweizerischer Stillberaterinnen IBCLC (BSS): http://www.stillen.ch/de/adressen/ibclcs/
- Arbeitsgemeinschaft freier Stillgruppen e.V. (AFS): http://www.afs-stillen.de/fuer-muetter/eine-stillberaterin-finden/
- La Leche Liga e.V. (LLL): http://www.lalecheliga.de/
- Still-Lexikon: http://verzeichnis.still-lexikon.de/
- Rund ums Baby: http://www.rund-ums-baby.de/stillberatung/
- Stillgruppen.de: http://www.still-gruppen.de/Stillgruppenliste

Allgemeine Informationen und spezielle Fragen in der Stillzeit

- Still-Lexikon: http://www.still-lexikon.de/
- Wissenswertes über das Stillen – Rabeneltern: http://www.rabeneltern.org/
- Medikamente in der Stillzeit: http://www.embryotox.de
- Väter in der Stillzeit: http://www.eltern-kind-bindung.net/väter/
- Beikost einführen ohne Füttern: http://www.baby-led-weaning.de/
- Stillen bei Erwerbstätigkeit: http://stillen-und-arbeiten.de/
- Stillen nach der Säuglingszeit: http://www.stillkinder.de/haeufige-fragen-zum-langzeitstillen/
- Abstillen: http://www.still-lexikon.de/der-abstillprozess/
- Stillen von Zwillingen: http://www.zwillingsschwangerschaft.

net/2012/02/14/zwillinge-stillen-ja-das-ist-moeglich/
- Stillen eines Frühgeborenen: http://www.fruehgeborene.de/fuer-familien
- Stillen eines Babys mit angeborenem Herzfehler: http://www.stillkinder.de/ein-herzkind-stillen/
- Stillen eines Babys mit Lippen-Kiefer-Gaumen-Spalte: http://www.lkgstillen.ch/wordpress/
- Hilfe bei der Verarbeitung einer traumatischen Geburt: http://www.kaiserschnitt-netzwerk.de/
- Hilfe für Mütter mit psychischen Erkrankungen: http://schatten-und-licht.de
- Gesund ins Leben – Netzwerk junge Familie: https://www.gesund-ins-leben.de/fuer-familien/stillzeit/
- Nationale Stillkommission: http://www.bfr.bund.de/de/informationen_zum_stillen_fuer_fachpersonal_und_muetter_eltern-10207.html

Bildnachweis

Fotos von Laima Chenkeli/Onamora Photography, Berlin, mit Ausnahme von:
S. 44, 49, 110, 112, 130 Susanne Krauss, München; S. 57, 75, 76, 131, 144 Teresa Kleinschmidt, Hamburg; S. 51 Action Press/BrookfieldZoo/Exclusivpix; S. 55 Picture Press/Helmut Rffler; S. 115 Shutterstock/Svetlana Fedoseyeva

Literatur

American Academy of Pediatrics: »Breastfeeding and the use of human milk«, in: *Pediatrics*, März 2012.

Amir LH, et al: »Psychological aspects of nipple pain in lactating women«, in: *J Psychosom Obstet Gynecol*, 1996; 17:1:53–58.

Ball HL: »Parent-infant bed-sharing behavior: effects of feeding type, and presence of father«, in: *Human nature: an interdisciplinary biosocial perspective*. 2006; 17 (3): 301–318.

Bensel, Joachim: »Freiburger Säuglingsstudie: Welche Faktoren beeinflussen das frühe Säuglingsschreien?«, in: *Die Hebamme*, 2006; 19:12–18.

Blaffer Hrdy, Sarah: *Mutter Natur. Die weibliche Seite der Evolution*. Berlin 2000.

Bode L: »Human milk oligosaccharides: Every baby needs a sugar mama«, in: *Glycobiology*, 2012; 22(9):1147–1162.

Brizendine, Louann: *Das weibliche Gehirn. Warum Frauen anders sind als Männer*. Hamburg 2007.

Buckley, Sarah J: *Hormonal Physiology of Childbearing: Evidence and Implications for Women, Babies and Maternity Care*. 2015. http://childbirthconnection.org/pdfs/CC.NPWF.HPoC.Report.2015.pdf.

Bumgarner, Norma Jane: *Wir stillen noch. Über das Leben mit gestillten Kleinkindern*. Hille 2003.

Colson, Suzanne: *Eine Einführung in Intuitives Stillen*. Neue Sichtweisen auf das Stillen. Amarillo, TX, USA 2012.

Daly SEJ, Owens RA, Hartmann PE: »The short-term synthesis and infant-regulated removal of milk in lactating women«, in: *Exper Physiol*, 1993; 78:209–220.

Dixley, Allison: *Breast Intentions. How women sabotage breastfeeding for themselves and others*. London 2014.

Doan T, Gardiner A, Gay CL, Lee KA: »Breast-feeding Increases Sleep Duration of New Parents«, in: *J Perinat Neonatal Nurs*, 2007; 21(3): 200–206.

Doan T, Gay CL, Kennedy HP, Newman J, Lee KA: »Nighttime Breastfeeding Behavior Is Associated with More Nocturnal Sleep among First-Time Mothers at One Month Postpartum«, in: *J Clin Sleep Med*, 2014; 10(3): 313–319.

Doucet S, Soussignan R, Sagot P, Schaal B: »An overlooked aspect of the human breast: areolar glands in relation with breastfeeding pattern, neonatal weight gain, and the dynamics of lactation«, in: *Early Hum Dev*, 2012; 88(2):119–28.

Fernández L, Langa S, Martín V, Maldonado A, Jiménez E, Martín R, Rodríguez JM: »The human milk microbiota: origin and potential roles in health and disease«, in: *Pharmacol Research*, 2013; 69(1):1–10.

Gaskin, Ina May: *Die selbstbestimmte Geburt. Handbuch für werdende Eltern. Mit Erfahrungsberichten.* München 2004.

González, Carlos: *Mein Kind will nicht essen. Ein Löffelchen für Mama …* München 2002.

Gottschalk-Batschkus, Christine E., Schuler, Judith (Hrsg.): *Ethnomedizinische Perspektiven zur frühen Kindheit. Ethnomedical Perspectives on Early Childhood.* Berlin 1996.

Hartmann PE, Filgueira L: «Maternal and infant infections stimulate a rapid leukocyte response in breastmilk«, in: *Clin Trans Immun*, 2013; 2:e3.

Hassiotou F, Beltran A, Chetwynd E, Stuebe AM, Twigger AJ, Metzger P, Trengove N, Lai CT, Filgueira L, Blancafort P, Hartmann PE: »Breastmilk is a novel source of stem cells with multilineage differentiation potential«, in: *Stem Cells*, 2012; 30(10):2164–74.

Hassiotou F, Hepworth AR, Metzger P, Tat Lai C, Trengove N, Hartmann PE, Filgueira L: Maternal and infant infections stimulate a rapid leukocyte response in breastmilk. In: *Clin Transl Immunology* 2013; 2(4):e3.

Kent JC, Mitoulas LR, Cregan MD, Ramsay DT, Doherty DA, Hartmann PE: »Volume and Frequency of Breastfeeding and Fat Content of Breast Milk Throughout the Day«, in: *Pediatrics*, 2006; 117(3):e387–95.

Holick MF: »Vitamin D Deficiency«, in: *N Engl J Med*, 2007; 357:266–281.

Ingram J, Woolridge M, Greenwood R: »Breastfeeding: it is worth trying with the second baby«, in: *Lancet*, 2001; 22; 358(9286):986–7.

Koletzko B, Bauer CP, Brönstrup A, Cremer M, Flothkötter M, Hellmers C, Kersting M, Krawinkel M, Przyrembel H, Schäfer T, Vetter K, Wahn U, Weißenborn A: »Säuglingsernährung und Ernährung der stillenden Mutter – Aktualisierte Handlungsempfehlungen des Netzwerks Gesund ins Leben – Netzwerk Junge Familie, ein Projekt von IN-FORM«, in: *Monatsschr Kinderheilkd*, 2013; 161: 237–246.

Lothrop, Hannah: *Das Stillbuch.* München 2016.

Marchbank T, Weaver G, Nilsen-Hamilton M, Playford RJ: »Pancreatic secretory trypsin inhibitor is a major motogenic and protective factor in human breast milk«, in: *Am J Physiol Gastrointest Liver Physiol*, 2009; 296: G697–G703.

McKenna JJ, Gettler LT: »There is no such thing as infant sleep, there is no such thing as breastfeeding, there is only breastsleeping«, in: *Acta Paediatrica*, 2015; 105: 17–21.

Mohrbacher, Nancy: *Breastfeeding Answers Made Simple – A Guide for Hel-*

ping Mothers. Amarillo, TX, USA 2010.

Mohrbacher, Nancy, Kendall-Tackett, Kathleen: *Breastfeeding Made Simple. Seven Natural Laws for Nursing Mothers.* Oakland, CA, USA 2010.

Mongan, Marie F.: *Hypnobirthing – Der natürliche Weg zu einer sicheren, sanften und leichten Geburt.* Murnau 2014.

Odent, Michel: *Es ist nicht egal, wie wir geboren werden. Risiko Kaiserschnitt.* Düsseldorf 2005.

Odent, Michel: *Im Einklang mit der Natur. Neue Ansätze der sanften Geburt.* Düsseldorf 2004.

Odent, Michel: *Geburt und Stillen. Über die Natur elementarer Erfahrungen.* München 1994.

Odent, Michel: *Die Natur des Orgasmus. Über elementare Erfahrungen.* München 2009.

Palmer, Gabrielle: *Complementary Feeding: Nutrition, Culture and Politics.* London 2011.

Palmer, Gabrielle: *The Politics of Breastfeeding. When Breasts are Bad for Business.* London 2009.

Peterson, Amy, Harmer, Mindy: *Balancing Breast & Bottle: Reaching Your Breastfeeding Goals. Amarillo.* TX, USA 2010.

Powe CE, Knott CD, Conklin-Brittain N: »Infant Sex Predicts Milk Energy Content«, in: *Am J Hum Biol*, 2010; 22:50–54.

Rapley, Gill, Murkett, Tracey: *Baby-led Weaning. Das Grundlagenbuch. Der stressfreie Beikostweg.* München 2013.

Renz-Polster, Herbert: *Kinder verstehen. Born to be wild: Wie die Evolution unsere Kinder prägt.* München 2009.

Renz-Polster, Herbert: *Menschenkinder. Artgerechte Erziehung: was unser Nachwuchs wirklich braucht.* München 2016.

Sanchez, C; et al: »The possible role of human milk nucleotides as sleep inducers«, in: *Nutr Neurosci*, 2009; 12, 1–8.

Schwarz, Clarissa: *Entwicklung der geburtshilflichen Versorgung – am Beispiel geburtshilflicher Interventionsraten 1984–1999 in Niedersachsen.* Berlin 2008.

Sears, William, Sears, Martha: *Das Attachment Parenting Buch. Babys pflegen und verstehen.* Leipzig 2012.

Sinnon, Ann: *Breastfeeding Older Children.* London 2010.

Smith, Linda J.: *Impact of Birthing Practices on Breastfeeding.* Sudbury, MA, USA 2010.

Stern, Loretta, Gaca, Anja Constance: *Das breifrei!-Kochbuch – So schmeckt es dem Baby und der ganzen Familie.* München 2014.

Stern, Loretta, Nagy, Eva: *Einmal breifrei, bitte! Die etwas andere Beikost.* München 2013.

Stuart-Macadam, Patricia, Dettwyler, Katherine A. (Hrsg.): *Breastfeeding. Biocultural Perspectives.* New York 1995.

Uvnäs-Moberg K, Marchini G, Winberg J: »Plasma cholecystokinin concentrations after breastfeeding in healthy 4 day old infants«, in: *Arch Dis Child*, 1993; 68: 46–48.

Uvnäs-Moberg, Kerstin: *The Hormone of Closeness. The role of oxytocin in relationships*. London 2013.

Uvnäs-Moberg, Kerstin: *The Oxytocin Factor. Tapping the Hormone of Calm, Love and Healing*. London 2011.

Verduci E, Banderali G, Barberi S, Radaelli G, Lops A, Betti F, Riva E, Giovannini M: »Epigenetic Effects of Human Breast Milk«, in: *Nutrients*, 2014; 6, 1711–1724.

Walker, Marsha: *Breastfeeding Management for the Clinician. Using the Evidence*. Sudbury, MA, USA 2011.

Watson Genna, Catherine: »Facilitating Autonomous Infant Hand Use During Breastfeeding«, in: *Clinical Lactation*, 2010;1;15–20.

Watson Genna, Catherine: *Supporting Sucking Skills in Breastfeeding Infants*. Burlington, MA, USA 2013.

West, Diana, Marasco, Lisa: *The Breastfeeding Mother's Guide to Making More Milk*. USA 2009.

WHO/Unicef: *Acceptable medical reasons for use of breast-milk substitutes*. Genf 2009, http://www.who.int/nutrition/publications/infantfeeding/WHO_NMH_NHD_09.01/en/.

WHO/Unicef: *Global Strategy for Infant and Young Child Feeding*. Genf 2003, http://www.waba.org.my/pdf/gs_iycf.pdf.

Widström AM, Lilja G, Aaltomaa-Michalias P, Dahllöf A, Lintula M, Nissen E: »Newborn behavior to locate the breast when skin-to-skin: a possible method for enabling early self-regulation«, in: *Acta Paediatrica*, 2011;100:79–85.

Zanardo V, Nicoluss S, Giacomin C, Faggian D, Favaro F, Plebani M: »Labor pain effects of colostral milk beta-endorphin concentrations of lactating mothers«, in: *Biol Neonate*, 2001;79(2):87–90.

Sachregister